菅江真澄と外ヶ浜

～率土か浜つたひ・平内・狩場沢・宇鉄～

石黒　克彦

はじめに

〝みちのく〟はかって、都人《みやこびと》からは果てしなく遠い辺境の地と思われていた。そこは自然の厳しい不毛の地であって「未知《みち》の奥《おく》」であり蝦夷《えみし》人や野蛮人が住む最果ての地であったのだ。朝廷はこの地を流人の地とし、ことあるごとに、ここに住む者を賤《いや》しい人（戦いに敗れ逃げた人々＝俘囚《ふしゅう》や夷俘《いふ》）の地として別扱いされた歴史があるが、九年の役『陸奥話記』の記述からそのことを窺い知ることが出来る。

菅江真澄がこの〝みちのく〟を旅したのは天明の大飢餓の最中であった。浅間山の大噴火で田畑は荒廃、その上異常気象による冷害で農業は大凶作となって食するものが殆ど無く道端の至る所に餓死者が出た。その惨状は凄まじく、なす術《すべ》を持たない民百 姓《たみひゃくしょう》は生き延びる為に先祖伝来の地を捨てて藩を逃げだす者が出たとされる。

なかには、蝦夷の砂金堀に出かけた者も多数いたとされるが、それだけ世情が不安定となり混沌としていた時代である。菅江真澄の旅は、正に飢餓道の地獄絵図を見る思いの旅であったに違いない。しかし、大望《たいもう》に突き動かされた真澄はこれに怯《ひるむ》ことなく、ふつふつと湧き出る己の旅の思いにせかされるままに、ただ黙々と未知の大地に向けて旅の足を進めた。それは夏の真っ盛りを終えようとする初秋ころの旅であった。

この頃の旅は、各藩に関所あって、それは取締まりが厳しかったとされ、手形無くして通れないのが現実であった。江戸の初期、俳人で旅人であった松尾芭蕉も「みちのく」を旅しているが、伊達藩領の尿前ノ関所で関守に怪しまれ、手厳しい取り締まりを受けて関所牢で足止めをくらっている。それほど関所の取調べが厳しかった時代である。庶民の旅は、もっと厳しい規制があったであろうと想像される。

一方、松尾芭蕉の伊勢参りの旅では、悠々と旅を楽しみ外宮遷宮を拝している。その時に詠んだ詩が「たふときに　皆押し合ひぬ　御遷宮」とあるから、庶民が旅に寄せる気持ち、旅を楽しみたいという気持ちの大きさが感じとられる一句である。熱狂的に旅の一時を謳歌している様子が、この詩《うた》からも窺い知ることが出来よう。

このお伊勢参りの旅は、幕府が唯一公認した旅で庶民にとって最上の楽しみであったに違いない。この旅の仕組みは、全国的に張り巡らされた講の組織、これに携った御師と言う神官の下級職にあたる者達が居た。真澄の生家も御師の家と見られている。

筆者の外ケ浜つたいの旅は、南部領の相沢から八甲田山の東側に位置する七戸・東北町・狩場沢から北へ向かう旅からである。七戸町は南に十和田市、西に青森市が位置する。この地に相沢という地域が見当たらないので真澄の書き間違いか、あるいは転記のときの読み違いではないかと思われる。十和田市にある地名は「相坂《おうさか》」である。やがて真澄の旅は、野辺地から「まかど温泉」を通り、藩境である海辺の関所、狩場沢（青森県東津軽郡平内町狩場沢）の四つ森を見ながら平内を目指した。

「ひらない」の小湊の浜は浅蜊が名産であるが、本州最北端の「白鳥」の飛来地としても知られる。菅江真澄はこの地に鎮座する雷電宮（平内町福館雷電）社に拝殿し一句を捧げて去っている。

さて、「ひらない」から最北端を目指すと椿《つばき》が自生する北限の地、ホタテ発祥の地でその名が知られる夏泊半島があるが、真澄はこの旅で夏泊半島へ寄らず浅虫へ直接向かう。ここの浅虫温泉（現在は青森市浅虫である）は、その昔円仁が発見し法然が健康に良いと広く一般に入浴を進めたとされる伝承の温泉地である。やがて、旅の足は浅虫から古戦場の岩場海岸の古道を経て善和《うとう》島浜へ、真澄は再び善和島神社を拝するため青森市内へ急いだのである。それは過去に真澄は善和島神社で「たゞ、三とせ、まつべし」のお告げを受け渡海を断念させられたことがあるからである。そのお告げの背景にあるものは、全国的に張り巡らされた伝達網と窺うことが出来る。

その昔、この一帯はハイネスが繁茂した地で小高い森（青森）があって、漁師はここを目印に漁に出ていたことから、現在の青森の名が付けられ「名の由来」と伝えられている。さて三厩への旅は、青森からは陸奥湾の海辺の砂浜の道を歩み、蓬田川を渡り、陸奥湾に沿って松前街道路を北上し蟹田・平舘・今別へと旅を進めるのである。

その途中の今別の旅は、海岸沿いで浜辺の風景は荒々しいが、国の指定公園に指定されるほど風光明媚で素晴らしい景観が続き三厩への旅を癒してくれる。

三厩は津軽鉄道の最終地で本州の最北端の駅である。宇鉄・三厩の湊の先端に岩場があって、そこに義経伝説がある。義経は追われの身ながら地元の人々に支えられ、祈りから現れた三頭の馬に乗って蝦夷へ渡ったとされる伝説が残る。

ここ三厩には珍しい国道三三九号線がある。それは三厩から竜飛岬に抜ける国道で、全国でも珍しい階段国道である。今やこの階段国道は観光名所となっている。この階段国道は、津軽海峡トンネル・海峡記念館・竜飛岬燈台や雄大な自然へ誘《いざな》ってくれる。

この竜飛岬のふもとで、旅人を優しく迎えてくれる地元の女性《ひと》がいる。この方は、津軽の竜飛を訪れる旅人にボランテアで、やさしく竜飛や三厩の自然の素晴らしさを説明してくれる。最近、岬の手前に石川さゆり「津軽海峡冬景色」の歌碑が新しく設置されたが、旅人にとって、なんと云っても嬉しいのが、地元の女性《ひと》の優しさと笑顔とガイドである。その女性《ひと》の名は（たっぴや、水嶋夏子さん）である。旦那さんは、水嶋光弘氏で、第七光洋丸でマグロ漁をする漁師で海に生きる男で、民宿も経営している。

ここ宇鉄（三厩）に入る道が狭いので車のすれ違いには気をつけたい。湊は今でも素朴で風情があって、どこか懐かしい土地である。真澄は、ここ三厩の宇鉄から福島（松前）へ渡海（蝦夷へ）した。天明八年の夏、菅江真澄は委波氏酒夜麼《イワテノヤマ》で〝みちのおく、胆沢を発ちて松前に行く〟とあるから、この四号線沿いを北上し青森を経て宇鉄・三厩を目指した。真澄の筆に「南部路のこともはらあれば、《いはての山》てふこともて、このふみの名とせり。馬門のせき屋より筆をとどむ。かくて津刈路に至りては《そとかはまつたひ》てふ冊子に島渡りまでつばらに・・・・・」とあり、さらに「相沢に宿泊し翌日三本木平（原）を通り、七戸いふ里（七戸町）へ、そこから野辺地の馬門なるいで湯（まかど温泉）に行たり。〝野辺地にとり来りたるせき手（関所）いたして越えてつがるぢ（津軽路）になりぬ〟」とある。

下北半島から青森の善知島《うとう》、南は岩手県の久慈《くじ》辺りに及ぶ広大な地は、荒涼とした大地で、鎌倉期はこの地方を糠部《ぬかのぶ》と呼んでいた。江戸時代になるとこの地は、盛岡藩領となり、北奥州南部氏の領地であった。江戸中期の地理学者古川古松軒は、一七八八（天明八）年幕府が派遣した「奥州松前巡見使」一行に随行して奥州から松前地方まで旅をしたが、その時の旅行記が『東遊雑記』で「師岡は場広（広大）である」と記している。

そのほとんどは山林原野で耕地は広大ではあるが、思いのほか少ない（耕地）とも古松軒は記述している（東北福祉大学教授細井計）。この地方は南部馬の産地（七戸町）としても知られ公議も御馬買付けを行なっていることから幕府にも認められた地で、その繁栄振りが知られる。盛岡藩の家老日記『雑記』に幕府御馬買衆の記述がある。

南部藩の成立は、一五九〇（天正十八）年、豊臣秀吉から南部七郡十五万石を安堵されたことからなる。南部氏は、もともと甲斐の国（現山梨県）を本拠とした清和源氏の流れをくむ一族であったとされるが、甲斐から遠い北奥州へどのような経緯で来たかは不明である。いろいろの説があるようであるが定かではない。馬との関わりが深かったからと指摘する説もある。馬の取引以外にも金・銀・銅・鉄などの産出も藩の財政を支えた。

旅も青森を過ぎるといよいよ陸奥湾の海沿いから松前街道に入る旅となる。ここは津軽半島の陸奥湾沿いの東海岸通りで青森から竜飛岬に至る街道、江戸時代松前藩が参勤交代で利用したことから「松前街道」と呼ばれるようになった。この街道は変化に富んでいて四季折々が美しい。街道に植えられている樹齢は三百年の黒松並木で当時を偲ぶには充分である。この街道の入り口は、東津軽郡外ケ浜町字平館太郎右エ門沢で現在は国道二八〇号線となり青森から外ケ浜町に至っている。この二八〇号線は外ケ浜でいったん途絶えているが、海上を経て北海道に至り国道228号線と重複して函館市に至っている。起点は青森市千刈一丁目上古川交差点（＝国道七号線交点である）で、終点は函館市万代町一七六番万代跨線橋交点（＝国道五号線交点）である。海上の旅（路）も蝦夷に上陸すると道南の旅（路）となる。

その北海道の道南地方は、江戸時代に和人が移り住み、最も早く開けた土地である。この地は北海道の歴史を語るうえで欠かすことが出来ない地域として知られ、沿線に点在する歴史の足跡を巡る旅路として、函館と松前を結んで再発見する計画が北海道庁で進められている。その概要は大野が「大野平野と水田発祥の地」と上磯が「修道院」木古内と知内が「海峡、幕府領松前領」、それに知内が「コシャマインの戦いと連絡路線」福島が「吉岡山道」松前が「最北の城下町」である。このジオパークは北を旅する者にとってさらに楽しみとなりそうである。

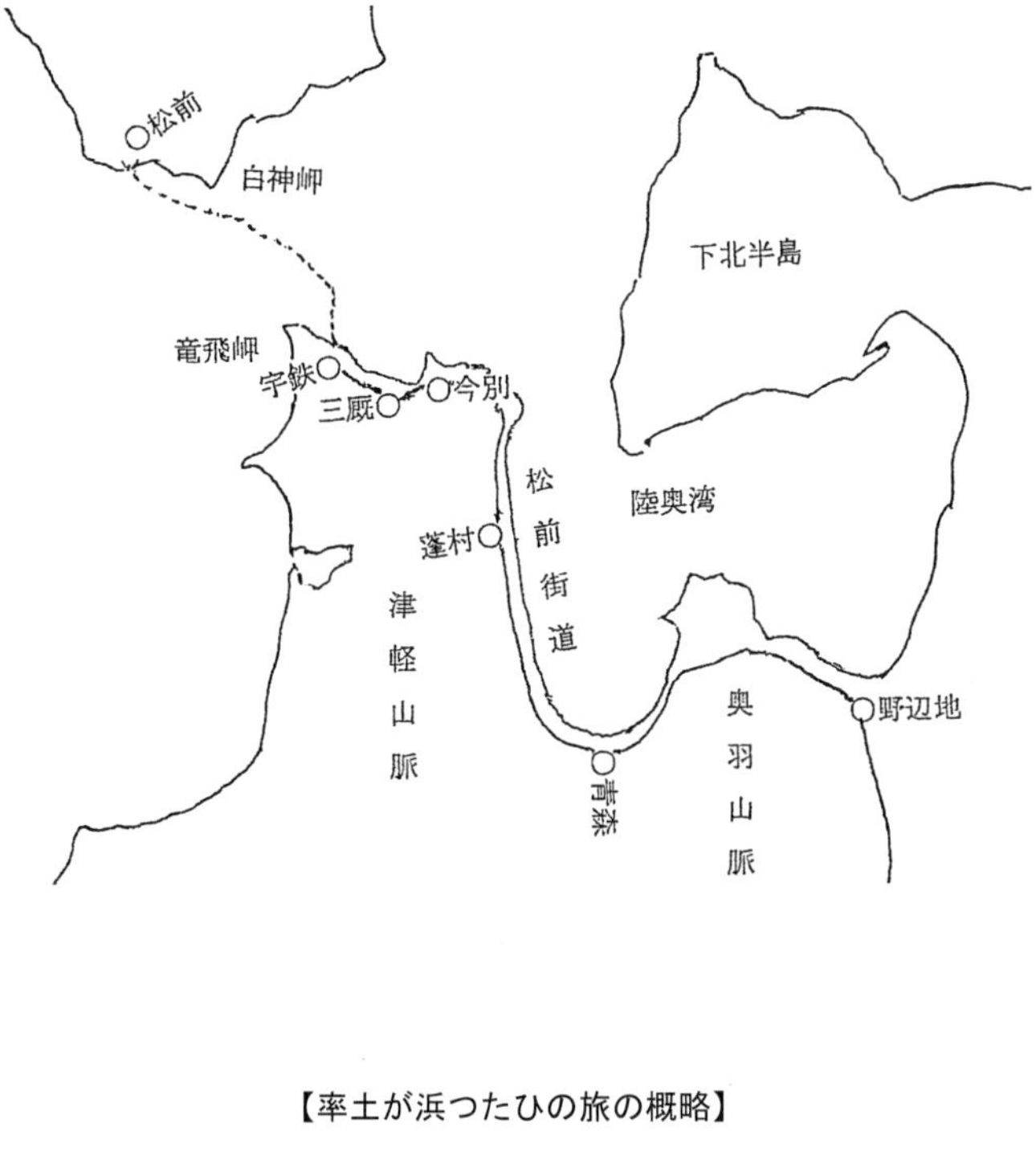

【率土が浜つたひの旅の概略】

目次

第一章　率土か浜つたひ

この旅は、菅江真澄全集第一巻四五三頁天明八年七月六日津軽の部「率土か浜風《つたひ》」を底本とし狩場沢から三厩を経て蝦夷へ渡るまでの津軽半島陸奥湾の浜旅である。

十和田湖から八甲田山を左に見ながら奥入瀬に入り奥入瀬川を幾度も横切り、急峻な谷間の川沿いを歩きながら一路七戸を目指した。

七戸からは進路を北東へ向かう。間もなく道が上道と下道にふた手に分かれるが、筆者は旧道の上道を通った。この道は起伏にとんで実に美しい風景である。

やがて南部領の、北の港町（野辺地）が見えてくる。ここでは脇街道が幾本にも分岐する。幾本もの道は当時の繁栄を偲ばせた物流の道でもある。

北上してきた筆者は馬門に出、狩場沢へ向かう。馬門と狩場沢の間の海岸沿いに「四ツ森」がある。津軽・南部両藩の争いが絶えない地であった。

争いを避ける為に両藩で話し合いの結果、苦肉の策としてそれぞれの境に土盛りの山を二つずつ作ったことから四ツ森と呼ばれるようになった。

南部領から津軽領に入って関所の或る狩場沢（青森県東津軽郡平内町狩場沢）を通り、浅虫、野内、青森を経て陸奥湾の海辺（外ヶ浜）をひたすら歩くと浜街道に旧松前街道の看板が目に入る。ここをさらに歩き今別を通り三厩を目指した。

菅江真澄が宇鉄（三厩）から蝦夷・福島（松前）へ渡海した道である。この地は本州の最北端にあって、北国独特の断崖と自然の厳しさと海の荒々さが迎えてくれる。しかし、なんと空が遠く、空気が冷たくひんやりと美味しく感ずる。

この旅は自然ばかりで何も無いと思っていたら、けっこう色々なものが目に入って楽しい。大自然が奏でる音や、自然の情景は旅のなかでも四季折々の風物詩となる。

また、伝統行事も地方独特で見ごたえがある。特に青森の「ねぶた祭り」は勇ましく北国のエネルギーが感じられる。

菅江真澄の「率土か浜つたひ」の序文は、次のような書き出しから始まっている。

南部路を過る。いはてやまてふ日記にかいつきて、此冊子を《そとかはまつたひ》とせり。

津軽さかひに入りて青盛（森）にいたり、うらうらをへて、うてつの埼より、松前わたるのみちゆきぶりをもはらのせたり。

第一節　平内（ひらない）の旅

平内《ひらない》は、青森県東津軽郡に所属し青森県の中央に位置した町で、青森市と野辺地に挟まれた地域で陸奥湾に面し島が突き出た夏泊半島を持つ地である。

ひらない名の由来は、アイヌ語のピラ（崖）・ナイ（川）からとされ、峡谷を流れる川の意が有る。

明治維新の後、明治二十二年に中平内村、東平内村、西平内村が誕生し昭和三年に中平内村が町制で小湊町に、昭和三十年に小湊町・東平内村・西平内村の一町二村が合併して平内町となった。

同町の夏泊半島に「ホタテの養殖発祥の地」がある椿の自生北限（ヤブツバキがある）の地として、又、小湊は白鳥の渡来地として知られる。

◇ホタテ養殖‥ホタテ養殖発祥の地でホタテ養殖の研究に心血を注いだ山本譲太郎氏のホタテ養殖の技術開発に貢献した豊島友太郎氏の「顕彰記念碑」が夏泊半島の突端近くにの海岸にある。ヤブツバキ公園の近くである。

◇ヤブツバキ‥平内町の夏泊半島の突端東側にある。椿山のヤブツバキは大正十一（一九二二）年に「自生北限地帯」として国の天然記念物に指定された。

平内（ひらない）の呼称小湊は、白鳥の渡来地で知られる浅所海岸とハクチョウで知られ国の特別天然記念物に指定。

◇白鳥の渡来地：平内町小湊は夏泊半島のつけねの東側に有り白鳥の渡来地として良く知られている。歴史的にも古く四〇〇年前からと云われ、浅所海岸を含めて一九二二（大正十一）年に国の天然記念物、一九五二年には特別天然記念物に指定されている。

「ひらない」のおいたちは、平内郷と呼ばれた鎌倉時代から南北朝時代の末ころまで南部領糠部郡に所属していた。

永亨年間に津軽田舎郡の所領となり、元亀・天正のころになって、七戸隼人と云う者が福館に城を築き平内郷一帯を支配したことがあったが、その後、津軽為信の軍門に下り津軽領となったと記されている。

一六五六（明暦二）年に津軽十郎衛門信英が平内郷を受けたことから黒石領となり、小湊と狩場沢・土屋に役関所を設けた。

しかし、津軽・南部両藩の争いが絶えず両藩協議の末に馬門・狩場沢の中間の小川を挟んで対峙する場所に丘（高さ三・五㍍、直径六㍍の盛土）を各々二個ずつ（平内側二、野辺地側に

二、合計四）築いて藩境塚とした。これが通称「四ツ森」と呼ばれている史跡である。

所在は「青森県東津軽郡平内町字関口」で県の指定史跡となっている。

明治になって廃藩置県となり町村合併促進法に基づき町村は合併を行った。やがて、ひらない呼称の小湊に戸長役場が置かれた。

天明八年七月六日

かくて狩場沢（東津軽郡平内町狩場沢）のやかたになりて関手とりつ。

いづこの誰れ、着がへ、わきざしあり、たがかたへさして行べきものにて、此せきぐちをあらため通すとかけり。ふみてのしろ、はかまのしろとて、いさゝかかのあし（銭）おきて、このとひまろ（問丸）があないして、せき手わたして越ゆ。いづこもふりことならず。

【津軽・南部藩境塚（四ツ森）】

村はしに、おはしかた（陽根）なせる石を、ほぐらにひめて祀る。しかたぐひの、みちのおくにはいと多し。手酬したるをりしも真上に鷹の羽うつを、行つるゝ友のふりあふぎ見たり。

ゆくゆく

たはなすか秋のかりはの沢水にかけもさしはのみそらとぶなり

路いさゝかくれば堀刺川をわたり、口広（以下平内）、清水川のふた村をへて雷電山といふ額の大鳥居あり。大同（八〇六～八一〇）のむかしに田村麿、かん（神）ときまつりして、なる神を、こゝに斎ひ給ひたるといひ伝ふ。その御前の入江などにて、あさり、はまぐりやとらん、そのかひつもの、いと多くみちのへに捨てたり。おなじ林のうらにかんみやどころ見えて神明の鶏栖（とりい）たてり。

この流江のあなたより浦々のやかたつゞきて、田沢（夏泊

【狩場沢駅舎と海岸の風景】

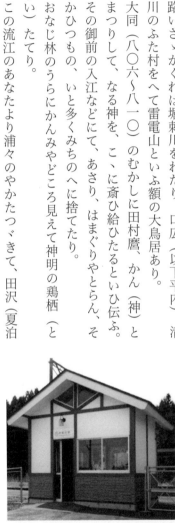

半島北端）とかいへるに椿山ふたつまで磯輪に在りて、うづき八日の頃はひしひしと花咲き、そのまさかりは波も紅に寄せ返り、あさ日、ゆう日の、海にかゞよふひかりのみちみちて、巨勢の春野はいざしらず、世にたぐふかたなきよしをいへり。
そこに神の在して椿明神と申と、こは五瀬（伊勢）の国にもおなじみなの聞こたり。潮立テ川の橋にたちてしばしは見渡し、小湊に来る。

白浜に　雑魚《ざこ》残して　浅蜊人　李北

なべての名を比良奈以（平内）とよべり。こゝのふる翁の云、むかし、此ところに槻の生ひたるあたりを、錦樹の里といひよし聞つたへて侍る。さりけれど南部路にもありといへり。こゝに七不思議のあり、聞たま（へ＝脱）や申さん。一には猫に集《タカラ》ず、ふたつには水虎《カッパ》の人をとらず、みつには、玉味噌、汁と煎て泡たゝず、よつには、稗の実ふたつならびてみのり、いつゝには雨そゝぎの音なし。

【雷電宮と菅江真澄の歌詞】

【小湊の白鳥渡来地】

むつには、なる神とけず、な、つには、男女のかためほそしと、手ををり、ゐまひしかたりで別たり。この里にせき手をとりて小豆沢、藤沢、山口、中埜（野）といふ里をへて、土屋の浦（夏泊半島の西岸）の関屋に、せき手あらためて槲木（かしわぎ）峠を下る。なかむかしの戦ひのときは、一の木戸すへたりしあととて、いとさかしきみち也。かくて鍵県といふ坂うち越る。木のひともと立る木の鍵をかけたり。

こは、わが、けさう（懸想）しける人あればその人を心におもひて、いもせむすぶの神をいのりて、もぎ木の枝をかぎとして投やるに、ふと、うちかけたらんものは、おもふおもひのかなふしるしをう。

ふたゝたび、みたびなげやれど、えかけざればそれが願ひのむなしかりけるとなん。

みちのおくにはところどころにありて、もはら人のせり。岩の上に小石うちあぐるも、おなじためしとか。

平内（ひらない）に入った真澄は現在の国道四号線沿いの海岸線を野辺地の一部をかすめ通るので平内に来たと勘違いからその野辺地に少し触れることにした。

野辺地（のへじ）

野辺地は青森県北部の下北半島と夏泊半島に挟まれたむつ湾に面する細長い地形の町であるが、海岸線に沿うことから「つり針状の町」とも言われた町並みをしている。南は八甲田連峰の山麓を背負い東には緑豊な広陵地がある。

のへじ（野辺地）の名が歴史に出て来るのが南北朝時代の一三三五（建久二）年と町史は記している。

古代から人が住みつき交通の要所として発展してきたところであるが、豪商と呼ばれた野村治三郎や野坂勘左衛門など函館や大阪商人と盛んに交易が行われた。

やがて、北陸の銭屋五平衛の千石船も盛んに往来するようになり最北の地での有数の商業港として益々繁栄し歴史的に刻まれるようになった。現在は野辺地・馬門・有戸が合併して野辺地町となっている。

〝注〟馬門温泉
青森県上北郡野辺地町（旧陸奥の国）のある温泉で、日帰り入浴もできる。源義経が入浴した伝説がある。温泉の歴史は古く北前船交易や南部銅の積み出しや蝦夷地開発の前線基地だった野辺地湊の奥座敷として賑わった。幕末では戊辰戦争で津軽と南部両藩、野辺地戦争の舞台になった歴史もある。源泉近くに熊野宮の祠がある。

〝注〟場門番所
場門番所、柵を結いて厳重にかまへたり。間道は直に下を通る也。壹人前銭三十文ヅツ、又勝手不案内のものハ種々と申してねだること也。村の人家は三十軒。農家漁家入交り。此村より田といふものハ無、唯栗栗のみを造るなり。漁事ハ帆立貝を多くとれり。出て小流有。越てしばらく海岸に沿て行く。扨此村より裏の山に温泉一ケ所よし。號て鶴の湯と云由。昔雌雄の鶴翔《はね》に疵《きず》を得て此湯に入て癒《いや》しよりして、追々繁昌なしけると也。夏秋は此邊皆湯治人《とうじにん》多く行けり。「東奥沿海日誌」

夏泊半島

1　夏泊半島・大島パーク案内「ほたての発祥地、顕彰碑がある」

2　夏泊半島・椿神社前の公園「国の天然記念物に指定されている」

陸奥湊《むつみなと》　白い浪花《なにわ》の　ツヅミグサ　李北

みちのく路　暑き花咲く　やぶツバキ　李北

3　夏泊半島・大島

夏泊半島・大島パーク案内

夏泊半島・椿神社前の公園

夏泊半島・大島

4　夏泊半島への訪れ

一七九五（寛政七）年、真澄は蝦夷からの帰り下北半島に渡海し、津軽へ再び入ったが、このとき夏泊半島とひらないを再び訪れている。夏泊半島には春の椿を見に行き、その時、シロバナタンポポを発見している。シロバナタンポポは、珍しく漢方薬として珍重され解熱・健胃剤として用いられる。関西以北は珍しく北限となるか。

「東北文庫秋元松代『菅江真澄常民の発見』下北と津軽。

5　ひらないの童子村

一七九八（寛政十）年、真澄は、ひらない付近の童子村で新年を迎えている。下北の田名部から津軽に移ってから度々訪れている。津軽藩の薬採集で謝金五両を受け取り路銀が潤ったと思われる。「東北文庫秋元松代『菅江真澄常民の発見』下北と津軽」。

第二節　浅虫浦（青森市）の旅

浅虫浦の浅虫温泉は、青森県青森市にある温泉地で、平安時代の八七六年、円仁によって発見され、一一九〇に訪れた法然が入浴を広め進めたとされている。

浅虫の名の由来は、麻を蒸すことから転じて浅虫になったと云う説がある。旧江戸時代には本陣が置かれた。

此の温泉地は、歴史的に歓楽街温泉として発展して来たところから東北の熱海、青森の奥座敷とも呼ばれ北の名所温泉地として栄えた。

現在の国道四号線沿いに道の駅や水族館ができ人々の憩いの場となっている。陸奥湾から眺める湯の島は迫力と趣があって風光明媚なところである。

◇円仁：円仁（えんにん）は七九四（延暦一三）年、下野の国都賀郡壬生町の出身で豪族壬生氏の首麻呂の子として生まれる。九歳で大慈寺に入って修業。十五歳の時、比叡山延暦寺に向かい最澄（天台宗）に師事。第三代天台座主慈覚大師とも云う。入唐八家（最澄、常暁、円行、円仁、恵運、円珍、宗叡）の一人である。八六四（貞観六）年没。

◇法然：法然（ほうねん）は一一三三（長承二）年岡山県久米郡久米南町（旧美作国久米）の出身。一一四五（天養二）年（他の説もある）比叡山延暦寺登り、源光に師事した。一一七五（承安年「浄土宗」をひらき比叡山を下りた。延暦寺の官僧の証空、隆寛、親鸞が入門している。
一二一二（建暦二）年没。

かくて、浅虫の浦（青森市）になりて、煤川のへたに馬あらためとて、つがひのえだちの宿あり。

秋たちていくかもあらねどたびごろも袖にすゞしき外がはま風

出崎に近う、いくばくか高き岩の立たるを肌赤（裸）島といへり。その島の形したるを鵰嶋といひ、磯に近う木々ふかく鳥居見えたるは、湯の島とて弁天を祀る。しうりことといふ貝つものとる女の、しほ声たかく、「名所名所と痣虫（浅虫）は名処、前に湯のしま霞に千鳥、みやこまさりのはだか島」と唄ふ。
出湯のやかたに宿つきたり。
湯は滝の湯、目のゆ、柳のゆ、おほゆ、はだかゆなどのいときよげにわき、はた、軒をつらねたる家々のしりにも、ゆのありてやよけん。里中に烹坪《ニツボ》とて、ふちふちとにへかへる温湯あり。

この月の末ばかり、そのふの麻刈もて糸釜といふものにて、いづこにてもむしと、のへれど、この浦ばかり、か、る、につぼにひたして時の間にむしぬ。

さりければ麻烝といふ名はをのづからなれど、をりをり火のわざはひにあへれば、火にしたがふ文字をいみて、浅虫とは近き世にいへると、老いたる長の語り。

こや、ゆげたの数はいくらかあらん、いよのゆげたをたどるこ、ちぞしたるといへば、ゆぶねのこ、ほど多き処も侍らず、わきて此津軽には湯泉の数のいと多し。

いづこ、いづこにと、とへば、しり給つらんか

関の湯の沢（南津軽郡碇が関村）、
碇が関の湯、大鰐（南津軽郡大鰐町）、
蔵館（南津軽郡大鰐町）、
嶽《ダケ》（中津軽郡岩木町）、
湯谷《ユダン》（中津軽郡岩木町）、
切リ明ケ（南津軽郡平賀町）、
酸ケ湯（青森市）、
下モ湯（青森市）、
温湯《ヌルユ》（黒石市）、

板留メ（黒石市）、
叶目《カナメ》（黒石市）、
沖浦（黒石市）、
二升内《ニシヤウナイ》（黒石市）、
大河原（黒石市）、
田代（青森市）、
根子《ネツコ》（東津軽郡平館村）、
猿（西津軽郡深浦町）、
佐々内（西津軽郡岩崎村）、
追良瀬山（西津軽郡深浦町）、しか浅虫にて侍る。

又涌し湯とてもはらあり、川水のさし入ればくみもてたきぬ。そのところどころは、今別のほとりの

湯の沢（外ヶ浜町平館根岸）、
金木の河倉、尾別内（北津軽郡中里村）のゆ、
浪岡のほとりなる本郷（青森市浪岡町）のゆ、
戸門（青森市）のゆにて侍るとかたり、

いざたまへ、あない申さんとて衣うつふるひ着て、八幡のみやどころの、山のかた岨にありけるにぬさとる。
をがみどのめけるかたに観世音をおきて、くぬちの寺めぐりとて三十三番をうつせり。こゝなん二三番にあたれりと。
かけたる札に「月も日も波間に浮むはだかじまふねに宝をつむこゝちせり」みやっこの、うばそくがもとにしばしはかたらひて、山路のたみたるかたを出くれば、夢宅庵といふ寺に、薬師ぶちをあがめて湯の神とせり。ふたゝび浴して、あつさわすれたり。

七日
ひんがしよりしは風のはげしう吹けば、けふも又やませの吹てと、ゆもりの、あさゆあみしてけり。
みちは山路ありて馬かよひ、浜路ありて、かち人磯づたいひしたり。うたうまへ（善知島崎）のかけはしを渡る。

〝注〟有多宇末井之梯
「久栗坂が浅虫の境になっているトンネルの辺りを「善知島前」と呼んでいる。
ここの突出した先端を「善知島崎」という。

吾妻鏡（又東鏡とも）にも「外ヶ浜と糠部の間にある有多宇末井之梯」と記録されている。

津軽一統志に「鳥頭前梯外ヶ浜に有り、東鏡有多宇末井梯、いま塔まえかけはし」。古くから「うとう」と呼ばれていた。

吾妻鏡によると、一一八九（文治五）年に平泉藤原氏の残党大河原兼任等が鎌倉軍に対して最後の防戦地にしたところであると記している。

八〇〇年前の古戦場でもある。

兼任等は主家再興の夢を破られたが、反乱後の津軽・南部の歴史大きな変動が見られるようになった。

それは、幕府が藤崎安東氏に外三郡（奥法、江流末・馬）の承認や岩館（平賀郡）に曽我氏を地頭代職として派遣した。

また、南部光行を甲斐の国から糠部へまわして中央集権化が次第に進められた。

なお、善知島前は、「往来険阻の地」であった。

「怪岩波に洗はは る山下の小徑に梯を掛け、恐怖戦慄しつつ辛うじて通過した。と記録にのこされている。

越後（現の新潟県）親不知、子不知とともに善知島は二大険路といわれた。

文化年間、わずかに岩中を開削されたが、一八七六（明治九）年、明治天皇の東北行幸の機会によってトンネルが開通した」とあって、トンネルの正面に「有多宇末井之梯」の看板が設置してある。

国人は、とうまへのかけはしともはらいへり。高岸の岩つらに、尋（ひろ）斗の板をわたしてあやうげ也。ふりあふげば木の中に婀岐都が崑とて、むかし、あら蝦夷人のこもりて、行かふふねをうちとゞめて宝をうばひたりしとげにやさかしき処、人さらに至らぬいはやど也。

「おくの海夷がいはやのけぶりさへおもへばなびく風や吹くらん」など聞えて、蝦夷はかゝる処に多く栖たらんを、むかし人もしかながめ給へり。

蛇塚の浦に来つれど、うらのながめのいとおかしければ、ふたゝびかけはしをふみて、さいのかわらをゆんでに千貫石のあたりより馬みちをわけ山にのぼりてみやる。

うべも清少納言の、浜はそとがはまと、名さへめづらしう、かいなし給へるもあはれ也。

ゆのしま、かもめじま、はだかじまなど波の中にたゞよへり。わけわけて蛇塚のやかたをそなたに、潜戸川をわたり筰石の浦に出たり。

【有多宇末井之梯と古戦場の標柱】

又の名を根井といひ、くゞり（久栗）坂とよぶ。

うづきよりさつきをかけて、くゞりざかの海栗《ガゼ》（むらさきうに）てふものをとりて、しほからとせり。

こは、あはび、さだおか（さざえ）にならびて、催馬楽にうたふのひとくさ也。

旅人、さかどのにしりうたげして、これをさかなにゐひ、ほうしばらは海味噌と名付けて、ひたなめになめ、たうびゐひたり。

いそのかみは小豆沢のほとより山路をめぐり、あるは、童子山中をわけ神木の坂といふをおりて、ふしたる岩の、はざまをくゞりて行かひをせり。

そこを潜戸といひ潜坂ちいひし名をこゝにうつして、磯辺の不動尊の岡のしたつかたなる石を、わらはべくゞり通へば、しか浦の名におりへりと。

その神木の坂のほとりより、むかし、雌雄の槻とて、大なるみや木のふたもとたてるを、都にひかれて、お木を、いづれのみかどにや、ゆんでの御柱とし給ひしと、枝にかゝりたる翁の、しらぬむかしをつばらに伝へかたりぬ。こゝは何の庄とかいふと、とへば、横内組といらふ。おほむかしに津軽の郡の名たれど、今は、なに組、かぐみと、親村の名をもて組とさだめて、庄とおなじう聞え、なかむかしより津刈（軽）の五郡(1)といふあり。

田舎郡、平賀郡、花輪郡、馬郡、入馬郡、庄と、よなへしとも、今はもはらとはせざりけり。

峠を超ればば雄元の形をせし大石の立たり、浦島森といふ。

大浦、小浦、冠山とておもしろき磯山也。

関のこなたの、みさかいと高う、社のあるにまうづれば、神ぬし、御前をきよめけるがかたりて、これは山城の貴船の神を、いにしへうつし奉る。

弁財天といはひまつる末社あり、これなん鬼が女十郎のみたまなりとも、
又、義経のをんなめてやあらん旭の前といへるが、此君をしたふのこゝろせちに、寄りたる船の中におもき病をして身まかり給ひしを、こゝにけぶりとなし、しらほね山おくの玉清水といふ村に埋み、塚してしるしをたて、その寺を朝日山安養寺常福院といふ。

又、神の社あり。神明をあがめ奉る。

貴布禰（貴船）の御前にかしこまりて、「おく山のたぎりて落る滝つ瀬の玉ちる斗ものなおもひそ」とずんじて、かみぬしと、ともにみさかおりく。

その鬼が娘とはいづこの鬼にてか。云、蝦夷などのたけきをいひしにや。

朝日の前も、いづらの人ともさらにつたへもさふらはず。

こなたへとて怪にさしいざなへるに、あやしうさし出たる岩どものあり、名を竜《タツ》の口といふ。

とは、あら垣を波の中までもうちめぐらせてまもりたり。磯山かげに、けさもりといふあり。

むかし、すぎやう（修行）者のけさかけたるいはれあり。艮のかたに、自呂佐久といふ蝦夷人の栖し家のあとあり。

たゝみ石、わしり岬、はた祖母石といふは、その立岩の又の名也。

じろくが妻の老いたるころ、わが子の遠島わたりしたるをこひわび、山にたてたるが石とくゑ（化）したるすがたりと、望夫石とおなじ物語をせり。

はた、水江の浦島が子のふるごとをこゝにひいて、むかしがたりあり。網屋場《アジャパ》といへる処に、
義経の車にのりて、真くだりに、磯にくだり給ひしふるあとあり。

はた、よしつねのきゝに船つたひ給ひし巌を、はなぐり岩とて猶あり。

山の名もしかり。

かくて野内の関のくいぬきに入て、せきて（関手）わたして越ぬ。

かみぬし柿崎なにがしがもとに休らふ。

あるじの云、乃南以（のない）とはもと蝦夷の辞ぬして、まことは鷲の尾の港といふ。

むかし、こゝに、鷲の尾羽落したるためしもありてなど聞えき。

「人とはぬ太山の鷲も哀なり誰にむくひの羽おとすらん」

といふ歌のこゝろにも、かなひつらんかしとおもひ出て、すんじ、風のいやたっに、

なれも来て身をやぬらさん鷲の尾のこはみなと風うしほふくなり

∴

菅江真澄は青森の最初の旅で、この善知鳥神社から三年待てとのお告げを受けている。この社は三年ごとに神輿渡御祭を行なっている神社である。これを引用して、三年待てとしたお告げを表現したかである。

菅江真澄が旅立「伊那の中路」ちで『この日本のすべての古い神社を巡って、拝して、幣を奉りたい』と旅の目的を述べている。古い神社であるが「古い神社とは、伊勢神

宮と関わりがある社のことか、又は、御師と関わりがある社のことか」意味深い言葉である。それから、わざわざ丁寧に、幣を奉りたいと使った言葉も何か意味深い。旅先で何らかの関わりがある言葉と解釈すると理解しやすい。未開の地の「古い神社」に「幣を奉りたい」の言葉か、そうであれば、筆者が疑問としていた「謎」が解けると云うものである。古いとは、古来から由緒ある神社それも日本を代表する神社に通ずる社《やしろ》と解して良いのではと思える。

幣を調べると、①神前に供える布、ぬさ、みてぐら、沙石集一〇「赤き……ども立てめぐらし」。幣帛、御幣。
②みつぎ物、贈り物。「幣物」。
③通貨、おさつ。「貨幣、紙幣、幣制」とある。

奉りたいとは、①「うやうやしく持つこと。おしえいただくこと」。
②「つかえる。つとめる。奉仕、奉公、供奉」とある。

従って、『みちのくの旅で古い神社を拝み巡って幣を奉りたい』と語った意味とは「旅の先々で、旅の路銀を受けながら、旅の連絡を待つことではなかったのか」と考えられなくもない。

幣を奉ると云うことは

イ　神前への供えを以って、
ロ　うやうやしく持つこと。おしえいただくこと
　である。

このことは全国に張り巡らされた、幕府公認の伊勢参りの御師組織だからこそ出来ることではないだろうか。

菅江真澄の実家は寺小屋を持つ由緒ある家柄のようで、かつ神社（御師）につながる家であればこそ頷ける話となる。本詳細は、第二章の真澄の出自について推考に推考を重ねた。

〝注〟善知島宮
安方町に有。按ずるに何神を祭るやらん。定て古歌に依て號《なずけ》るかと思はる。此湊の氏神なり。
陸奥紀行「鳥頭《うとう》といふ鳥昔は外か濱に有しが、今は所をかへ西蝦夷のヤンゲシリのほとりに集まり、浦人是をとれバ親鳥こごみて雫をこぼすとふるくいひつたふがごとし。以下略。（東奥沿海日誌）

〝注〟善知島《うとう》神社
青森県青森市安方の旧県社。祭神は巌杵島姫命《いつきしまひめのみこ》・多紀理姫命《たきりひめのみこ》・多岐都姫命《たぎつひめのみこ》。例祭は九月十五日。三年ごとに神輿渡御祭がある。

八〇二（大同二）年に坂上田村麿が再建したと伝えられる。藩主南部氏の社殿造営があり、一六四一（寛永十八）年には藩の祈願所となる。一九一〇（明治四三）年の青森大火、戦災でも焼失した。一九五五（昭和三〇）年に本殿を再建した。

「日本の神仏の辞典」（株式会社大修館書店）

〝注〟菅江真澄は善知島《うとう》神社を三度訪れている
菅江真澄は、善知島神社へ結果的に三度訪れた。

一回目は、出羽方面から津軽に入り青森を経て善知島神社へ参詣したのが一七八五（天明五）年である。このとき蝦夷への渡海は断念させられている。

二度目は、一七八八（天明八）年、南部領から「ひらない」を経て浅虫に入り善知島神社へ参詣し蝦夷へ渡海を果たしている。

三度目は蝦夷からの帰り、下北半島に渡りむつ（たなぶ）に逗留し、下北半島を旅した後、一七九五（寛政七）年、むつ（たなぶ）から野辺地を経て津軽領に入り善知島神社へ参詣し秋田へ赴いている。

善知島神社の記録によれば、菅江真澄は白井秀雄、愛知県（旧三河国）生まれ一七五四（宝暦四）年～一八二九（文政二）年、江戸後期の民俗学者、歌人となっている。菅江真澄が此の地で詠んだと伝えられる句として、次の二句がある。

うちなびく　たむけのぬさもふりはへて　こうごうしくも　見ゆるみず垣

のどけしな　そとがはまかぜ鳥すらも　世にやすかたと　うとう声して

善知島神社

青森市安方二〜七〜一八で青森警察署の裏

御由緒

御祭神「宗像参女神」「多紀理毘売命《タキリヒメノミコト》」「多岐都比売命《タギツヒメノミコト》」「市寸嶋比売命《イツキシマヒメノモコト》」

御神徳「商売繁盛、交通安全、家内安全、漁業守護、航海安全、国家鎮護」

社務　旧県社（奥州陸奥外ヶ浜総鎮守）

善知鳥村（青森市）発祥の地

善知鳥神社は現在の青森市が昔、善知鳥《うとう》村と言われた頃、奥州陸奥外ヶ浜総鎮守の神として、第十九代允恭《いんぎょう》天皇の御世に日本の国の総主祭神である天照坐皇大御神《あまてらしますおおみかみ》の御子《みこ》の三女神を、善知鳥中納言安方が此の北国の夷人山海の悪鬼を誅罰平定して此の地を治め、その神願霊現あらたかな神々を祭った事に由来している。又、善知鳥中納言安方は此の地の人々に初めて漁師と耕作を教へ、此の一帯が今日のように発展したのは安方の聡明なる知恵と才能が神々の御意に叶い人々に慕われる所以となったと言われる。爾来、此の善知鳥神社は青森の発祥の地として、長い間連綿として敬神崇祖の信仰が受け継がれている。

善知島神社境内の案内板には次のように記されている。

菅江真澄「一七五四（宝暦四）年～一八二九（文政十二）年」

愛知県（旧三河国）豊橋市に生まれる。姓は白井、幼名は英二といい、青年に達し秀雄、菅江真澄と称したのは晩年秋田に居住してからである。真澄が青森を訪れたのは都合三度である。

最初の一七八五（天明五）年八月のときは、蝦夷地（現北海道）へ渡るためであった。大飢饉による飢餓者の無惨な姿を見て、これ以上浜路をめぐることは、自ら飢える心配があると考えて引き返した。

二度目の来青は、一七八八（天明八）年七月である。浅虫経て青森、三厩から蝦夷地へ渡った。この時、鳥頭神社（現善知鳥神社）に詣でた後、古い社の後が残っているということから、二本木のある丘（現久須志神社）を訪ねている。また、この社を見て「青森という地名もここがもとであろう」と「外ケづたいひ」に記録されている。

三度目は、一七九六（寛政八）年七月で二十余日滞在、青森の各集落、社寺、山野等を歩きまわり、伝承習俗や庶

【善知島神社、青森市安方二～七～一八】

民の生活を「すみかの山」に詳しく記録している。なかでも注目されることは、四月十四日石神社の小さな祠のかたわらに「文永□碑があった」と記録していることである。真澄の歌碑は、善知鳥神社境内、荒川宗全寺（曹洞宗）に建立されている。なを、一八〇一（享和元）年、秋田に赴くまで、七年余の間に津軽関係では「津軽の奥」「外浜奇勝」「津軽のおち」などの紀行を残している。

【菅江真澄の句碑】

第三節　青森の旅

青森は津軽地方の東青地域に属し青森県の中央に位置する県庁所在地の市である。

青森の中心部にある港町は江戸時代に開かれた。

現在の新港は、陸奥湾を望むところにあって海洋交通の要となる港であって、連絡船で函館を結ぶ海路の基地で、本州と北海道をつなぐ交通・物流の要衝となっている。新港は、海洋漁業の発展にも著しい貢献をし続けている。かあての湊は、市の中心部に位置した地域で、その昔《むかし》善知鳥《うとう》村と云われた場所で外ヶ浜の一漁村であった。

現在の青森市は、三内丸山遺跡やねぶた祭り等で良く知られた県庁所在地である。

最近は東北を縦貫する新幹線が開通し、東北道の終点地ながら、北海道への起点ともなる。又、青函フエリー始め多くの船舶の北海道への玄関口ともなっていて、本州と北海道を結ぶ重要な地で、交通・物流の要となって繁栄する北の都である。国道では本州の終でもあり、国道四号と七号の合流地である。

江戸時代は、まだ津軽半島から外ヶ浜に至る陸奥湾一帯を外ヶ浜呼ばれた寂しい漁村であったが江戸時代の始めに弘前藩二代藩主・津軽信牧が家臣の森山信実（弥七郎）に命じて善知鳥村に港を開いたことから始まる。

当時のこの地は、ハイネズが繁茂する地であって、小高丘「青森」が有り、漁に出た漁師が帰るときの目印となっていた。この地の小高丘「青森」名を採って青森としたという説が一般的である。

〝注〟「小高丘青森」

この地は、もともと一六二四（寛永元）年、津軽藩主二代藩主津軽信牧の命を受け、森山信実（弥七郎）が開港した湊である。現在は本州最北端に位置する街で青森市に組み入れられている。

〝注〟ハイネズ（這杜松《はいねず》）

ヒノキ科、ネズミサシ属（Juniperus conferta）葡匐（ほふく）性低木。各地の海岸に自生し、庭木として栽培される。葉は針形で先端はとげ状。五月から六月の小形の単性花を咲かせる。雌雄異株。球形で黒碧色の液果を結ぶ。別名ネズミスギ。潮風の影響が強い海岸に生育するタイプ。北海道から山陰までの日本海側と岩手から和歌山までの太平洋岸に分布する。亜種もある。

青森平野には堤川などによって形づくられた沖積平野と海底が隆起した海岸平野の上磯平野、それに浅虫地区の湯ノ島と裸島とがある。

そして、この平野を囲むように山々がある。奥羽山脈に属する南部の八甲田山の火山地（十和田八幡平国立公園に指定）東部の東岳山地、津軽山地に属する西部の梵数山地がある。

陸奥湾は、大きな湾となっているが、平館海峡の幅が狭いため外洋の影響を受けにくい形で、西の津軽半島と東野夏泊半島に抱かれた青森湾は浪が穏やかで、湾内でホタテの養殖が盛んに行われて漁業の主力なっている。


青森市の歴史年表から当時の様子が窺い知ることが出来る。

縄文前期中葉から末葉（約五五〇〇から四〇〇〇年前）、三内丸山遺跡（特別遺跡）の集落があって繁栄していた地域であったことが伺える。

又、縄文後前半（約四〇〇〇年前）小牧野遺跡（国の史跡）の環状列石が構築された。

平安時代（十世紀ころ、十二世紀頃）高屋敷館遺跡（国の史跡）環壕集落が見られる。

一一九〇（文治六）年　大河兼任軍と鎌倉軍が善知鳥前の梯（現在の善知鳥崎）で戦っている。

応永年間（一三九四から一四二八）北畠親房の子孫が浪岡に来住。

一四六〇年代に浪岡北畠氏が浪岡城（国の史跡）を構築。

一四九八（明応七）年　南部信時の四男堤光康が横内城を構築。

一五七八（天正六）年　浪岡城、大浦為信（津軽為信）に攻められ落城。

一五八五（天正十三）年　大浦為信（津軽為信）外ヶ浜を攻略。外ヶ浜一帯は大浦為信（津軽為信）の領有となった。

元和年間（一六十五から一六二四）

一六二四（寛永元）年　弘前藩が善知鳥村に港の建設に着手。

一六二五（寛永二）年　弘前藩、津軽から江戸へ廻船を運行する許可を幕府より得る。

一六二六（寛永三）年　弘前藩、森山信実に町づくりを命ずる。

一六七一（寛文十一）年　仮屋（藩の出先）が設置される。

その後元治元年から明治二年（一八六四から一八六九）迄陣屋とて使用される。

一六八八（元禄元）年　安方町に湊番所が置かれた。

一七八三（天明三）年　青森騒動が起きる。

一八六五（元治二）年　幕府から蝦夷地（北海道）への渡海地に指定されている。

一八七一（明治四）年　七月廃藩置県により弘前県となる。同年九月青森県と改められた。

一八七三（明治六）年　大区小区制が実施された。

一八七八（明治一一）年　郡区町村編成法施行で大区小区制が廃止された。

一八七八（明治一六）年　第一組戸長役場が設置された。

一八八九（明治二二）年　市制・町村制の実施（明治の大合併）により青森町が発足。

一八九七（明治三〇）年　浦町を編入し青森市とまる。

一九三九（昭和一四）年　滝内村を昭和の大合併で大野、筒井、横内、東岳、高田、浜館、荒川、新城、奥内、原別、後潟、野内のそれぞれの村を編入。

網不知、原別、作リ道などの村をへて、群松のあるを五本松とかいひて名がたり、茶屋町といふ処より、搪川とていと大なる流に長橋をかけたり、岸のこなたに遠う、ゆんでに、麁脛膝（あらはばき）の神の社といふが見ゆ。せめてのきしべに木の高う茂りたるは、武南方富神を祀り奉るといへり。河は、みなとのいと近し。

かつ渡り青盛（森）になりて、市中をはるばると、米町とかつれば鳥頭の杜あり。かくて、ふたたび烏とう《ウ》のみやしろに、ぬさ手向奉る。

つたへきく、延喜の御代とやらん、善知鳥、悪禽のいたく群れあさりて、浜田、浦田の早苗ふみしだき稲のみのらざれば、国人うれへて都にうたへ申しかば、か（狩）らしめ給ひて、その鳥のむくろを集めて山とし、高く塚したりとも、あるは、烏頭大納言藤原安方朝臣といふやんごとなき君の、いづれの御世になにのおかしありてか、さすらへおましましてこの浦にてかくれ給ふたるが、そのみたまの烏となりて海にむれ磯に鳴てけるを、しか名によび、その君を斎ひ祀て鵜《うとう》大明神と唱ふなど、浦人の耳に残たる物語どものあり。今は棟方明神とあがめ奉る。

〝注〟歌枕

善知鳥《うとう》は一六二四（寛永元）年に津軽藩によって港が開かれるまで、寂しい小さな漁村であった。かって、都人は、此の地を賤しい人が住む未開の地と思われていたので歌人らが訪れたとも思われない。

歌枕は、当時の知識人である僧侶などが歌ったのではないかと思われる。それだけ、善知鳥はみちのくでも数少ない歌枕の地の一つである。

伝えによると宇頭大納言安方親子が流人となって此の地・陸奥に流され、此の地で生涯を終えた説がある。此の地の者たちがこれを偲びお堂を建てて敬ったとされる。これが善知烏神社の前身であると伝えられている。


みちのくの外ヶ浜なる呼子鳥鳴くなる声はうとうやすかた

この歌は一四六五（寛正《かんしょう》六）年、足利将軍の宴で披露された能楽の謡とされ詠み人知らず。善知鳥にはこれに纏わる逸話がある。

うとうと鳴く鳥声を地元の人が聞いた話しや、マタギ（猟師）がうとうと鳴いて鳥を引き寄せて捕えた話し、黄泉を行き来する話などの逸話がある、

宗像の神(2)は、三女神を祀りてけるもゆへやあらん。いさしらぬひの筑紫なる。宗像の郡などの物語もやあらんか。此みやどころは、ふたもゝとせのむかしとやらんに、こゝにうつしたり。もともと、そのふるあとのありと聞て見まく、新町といふ処を出て里のやかたのはし、安潟町のすぢよりこなたに在る大みちを左に入て、田の畔づたひて、いづこならんと、草刈る翁に

銭をとらせてあないさすれば、毘沙門大王の杉村をいくばくならず離れて、耕田山をゆんでに遠う、岩樹（木）の嶽をめてにむかひ見てゆくゆく至れば、あれ田の中に小高く木のふたもとならび立るに、草のふかうしげりたる処あり。

一もとの木は、いたやとていと多かる木なれど、いま一もとは、なにの木と、さらに杣山賤すらつゆしらざる木にて、たゞ山の木といひ、山の木ばやしといふ。

こゝなん、そのむかしの跡なりとをしゆ。此木も近きとしまで、ふたもとありしかば二本木ともいひたり。

いにしへ青森といふ初たりし名を、こゝや山口たらん。その一もとの、名もしれざりし木の、としをへて朽たれふれしかど、板屋の木を植つぎて二本木の名はかれしなど、はた、此二本木のほとりより、いまの、うとふの林のあたりまで大沼のありたりけん。それをうとふぬまとて、うとふ島のむれすみ、この山の森にも多かりけん。

こゝに来鳴たるといひつたすその鳥は、今七里ともつなぎともいふ。

都奈者は嘴に鍼のごときものありて、うるめ、いはしなど、さゝやかの魚をひしひしとさし貫きあさり、斯知里は、七里の灘も磯も磯辺も見えぬまで多ければしかいふとも、又、しちりとつなぎとはおなじからじとも申き。

われわかかりしころ沖のりわざをのみして、一とせ、風にはなたれて小島といふ処にからくしてつき、船にずりを加え風まつほどに、かて（糧）つきてすべなう、此島の此嶋に多ければ、日の入て海より島にむれ帰り来て、つちのそこにふかく、こゝらの穴あるをたどりて、さばへの如くむらがるを、このごひ、小網のはしもてうちおとして、あぶりくひて、や、命いきて松前のわたりしたることあり。

松前の沖べには、その鳥のいと多しと語りもて翁を別れたり。

翁がものがたりのしかずにおかしう、うべも聞えたり。

善衛をゑがきしかたなどを見れば、鴎のすがたしていろいろと黒く、觜を赭黄にいろどり、足は、うす墨ゑがく。

頭はたかべ、あぢむらなどにことならずして、眼のあたりに白き羽のまだらに生えたり。

おもふにみちのくの人、わきてこのあたりにて、空《ウツボ》なるものをさしてうとふといひ、うつばなる木をうとふ木よいふ。南部の山里に至りたるとき、のりたる駒の、とゞと、ふみとゞろかせば、いたく鳴りひゞくところあり。

いかにととへば、こゝは、うとふ坂なれば、かく鳴りて侍るといらふ。

ところどころに、空坂《ウトウザカ》、うとふ山てふ名も聞こえたり。

さりければこの鳥の、うな（海）のほとりに穴をほりうがちて巣つくれば、しか、とりの名を空鳥《ウトウドリ》とやいへらんかし。

善知鳥沼は、鳥の多くむれあさればいひつらんか。この沼も潟にてやあらん。

海士、山賤等が、いやしくも潟と湖と沼とを、おほぞう、おなじさまに呼ぶたぐひのいと多し。

さる潟のきしべあたりに、椰須《やす》てふ木などの生いたらん潟の名と、むかし人の呼びたらん。

はた、弥栖潟にてやあらん。ふるき歌に「みちのくのそとがはまべの喚子島鳴る声は善知鳥やすかた」このこゝろばへも、鳴こゐ空鳥《ウトウドリ》にてや、すめらんところはいづこなるよ。安潟ならんとおもひやり給ふたらんか。

又もかい聞えたきことのくさぐさなれど、猶ひがごとの、かたはらいたげなれば、かいもらして、ことふみにのせつ沖館(3)、新田を過て大浜のはまやかたに宿かる。こうじてけるにゃあらん。とく休らひてよとて、なさけなさけしう湯などひかせて暮たり。

星会の空やあふがん雨もよの雲ふきはらへ外がはま風

いよゝ、風ふき雨さへふりしきり、浪の音の高う聞え、衾(ふすま)にすだく蚤のうるさく、雨の、あと枕にもりしたゝりて、とりは鳴たり。

ねらずよ泉朗(あま)のとまやの波まくらぬるゝ、ならひとかねてしりてもかくてあけたり。

八日

あめ風の猶はげしう、しほ霧といふもの窓より吹入て、いやさむきに、あるじのとうめ、なによけんとて、潜坂のかぜに青杜(森)の巨波久漬といふものをもて酒しぬぞしなど、時うつれど、つゆのあまばれもなう。

え田ゝず。このこはくづけてふものは、ほや、すぼや、いぬすぼやなど、たぐひのいと多きがなかに、酸保夜といふものをつけたる。

そのいろの、琥珀に似たれば名づけたり。

九日

山背風いやふけど日のほのかにてれば、油川の泊りを出て瀬田糸川をわたる。むかし、皐(水岸)に鶴の子うめるが野火のか、りてやけわたるを、めづる、子をおもふの心せちに翅やかれたれば、おづる飛来て羽をふためかし、ともに死たり。

その鳥のあぶらの流たれば、大浜の又の名を油川とはいふとなん。鶴神といふ山のゆんでに見えたり、そこにすくひたらん。

十三森をへて十曲川をわたり、田沢、夏井田を過て飛鳥といふ浦のあるきに、ともなへる人の、「きのふといけふとくらして」と、くちずさみつ、た、ずめるは、細きながれに女の物あらふにことゝへれば、「飛鳥川せ、の玉藻もうちなびきこ、ろは妹によりけるものを」とゝなふればば、はとわらふ。かくてわれもたゞずみて、しほ浪に水のへだてられたるを、

これも又うらの名におふあすか風ふくにまかせてふちせとぞなる

瀬戸子《トシ》などの浜をくれば、れいの道つくるとて、蝦夷人の、木の皮の糸して織なせる阿通志(あつし)てふ衣に繍したるを着、あるは、この浦の乙女らがをりたる、はなだの麻布に、背のあたり斗ふときしら糸して、あやにぬひものしたるをも着て、男女さはに入まじり、手ごと

にかなべら、てんすき、たち、かつきびなどをたづさへてむれり、瀬戸子《トシ》、奥内、前田、清水、内真部《ウチマツヘ》、左堰、小橋、六枚橋、後潟《ウシロカタ》の浦にいたる。行人嶽とていと高山の見えたり。

四斗（戸）橋（以上青森市）・・・・蓮田村へ

二本木と久須志神社

菅江真澄は、二度目に訪れたときに久須志神社を訪ねている。善知鳥神社境内の菅江真澄の案内に二本木と久須志神社について次のように記されている。ここで真澄は「この社を見て青森という地名もここがもとであろう」と記録。

その文は「こゝなん、そのむかしの跡なりとをしゆ。此木も近きとしまで、ふたもとありしかば二本木ともいひたり。いにしへ青森といふ初たりし名を、こゝや山口たらん。その一もとの、名もしれざりし木の、としをへて朽たれふれしかど、板屋の木を植つぎて二本木の名はかれしなど、はた、此二本木のほとりより、いまの、うとふの林のあたりまで大沼のありたりけん。それをうとふぬまとて、うとふ島のむれすみ、この山の森にも多かりけん。こ、に来鳴たるといひつたすその鳥は、今七里ともつなぎともいふ」。

【久須志神社】

久須志神社の由緒

青森県青森市久須志二丁目二番二号　〒〇三八－〇〇一三

久須志神社の草創は延宝五年、以前は薬師堂といわれ吉川村民の産神として崇敬されておりました。明治初年に神仏混淆廃止によって薬師堂は仏であるというので久須志神社と改められました。昔境内には大きな木が繁った林でした。伝説では、烏頭安方中納言（善知鳥神社□□□□□□□□□□□）が亡くなるとき「安方町から八、九町南西の方に葬るべしとの遺言によって、山の木林に葬られたとされている。

そこには小さな祠があり一本木又は二本木ともいわれていました。俗に山の木林といわれたところが現在の境内です。二本の老木があり、一本はイタヤの木で他は名の知れない木で、いま残っている神木はその一本です。山の木林は昔から青森市の名を示すように青々と繁茂して、入港する船の目標ともなっていたと伝えられております。

【正面右の神木】

【正面左の神木（老）】

第四節　蓬田村の旅

蓬田村は青森県東津軽郡の南部に位置する陸奥湾に面した海沿いの村である。西に大倉山を背負い北津軽郡との境界になっている。村内を蓬田川が流れ陸奥湾に注いでいる。江戸時代も蓬とよばれていたようだが、蓬田村としての歴史は明治二二（一八八九）年の村制によるものである。

村の主な産業は漁港を中心としている。農産物では桃太郎と名付けられた「トマト」に関心が寄せられている。

中沢（以下蓬田村）、長科をへて阿弥陀川といへる村あり、小橋かけたり。

此ながれに、むかし、すぎやう者の、あみだほとけをゆくりなうえて、浪岡村（南津軽郡）に庵つくりて、をこなひをりし物語のあり。

村をさかふくゐせに、蓬田村とかいつけたるをうちまもれば、来かかる人の、よごみだ村とさふらふよいふ。此あたりのうら人は、蓬をよごみとぞいふめる。すみしやたぞならん。大館のあととてありけり。

かつ行て郷沢といふ村のあとあり。卯辰のうゑに、いさりするに魚だにあらで、犬をつくり馬を屠りてくらひたりしころ、人身まかりやけたりしと、瀬戸《へ》（辺）地をへて広瀬といふところの細き流にのぞみて、「ひろせ川袖つくばかりあさきをやこゝろふかめてわがおもへらん」と、おなじ名あればこゝにずんじて・・・・・・以下蟹田へ

蓬田城跡

鬱蒼と茂る森に残る城跡。「大館」とも云われ南北朝時代の豪族の居館だったと伝えられている。いつ頃誰が築城したものかは不明。現在は赤鳥居と八幡宮が残っている。昭和五十年に発掘調査がおこなわれた、縄文時代の土器や石器、土師器、須恵器、察文土器、中国産の白磁と青磁、鋤、短刀、鉈など多数出土している。《蓬田教育委員会》

場所は蓬田村汐越、交通は蓬田駅又は郷沢駅から徒歩でおおよそ四〇分内外の距離。

蓬田村文化伝承館

平成十三年に開館した文化伝承館には歴史的に貴重となった農業、漁業、林業などで使用された道具や民具などが数多く収集され保管されている。

場所は蓬田村広瀬字坂元。《蓬田教育委員会》

大倉岳登山道

初心者からベテランまで楽しまれる山として知られる。山頂からは西に日本海、南西に岩木山、東に陸奥湾・下北半島の大パノラマが楽しめる。蓬田から無線中継所まで車で三十分、徒

歩で二時間半の距離である。

大滝

高さ七メートルの滝で、赤倉岳阿弥陀川登山口から沢沿登山道を約一時間半の距離。

第五節　外ヶ浜旅の一

外ヶ浜町は、青森県北部津軽半島の北東部に位置し、平成一七（二〇〇五）年に蟹田町、平舘村、三厩村が合併して誕生した町である。

町域は今別町を挟んで旧蟹田町・旧平舘村の平舘海峡に面したところと旧三厩の津軽海峡に面したところに二分された町となっている漁村中心の町で、国道二八〇号と国道三三九号線が通っている。

第一項　蟹田

旧蟹田町は、平成一七（二〇〇五）年に蟹田町、平舘村、三厩村と合併して外ヶ浜町の一部となり廃止された。

青森県東津軽郡の東部に位置していた町であった。主たる産業は漁業で、名所旧跡などに太宰治の文学碑、鍛冶屋の一本松などがある。

蟹田のうまやをこゆる川にあり、つな舟くりわたせり。中師、石浜、深泊、小泊（以上が蟹田）

第二項　平舘

旧平舘村は、平成一七（二〇〇五）年に蟹田町、平舘村、三厩村と合併して外ヶ浜町の一部となり廃止された。

青森県東津軽郡の北東部に位置していた村であった。主たる産業は漁業、地理的には青森湾のほぼ入り口にあたる青森県東津軽郡の東部に位置して平舘海峡の西に面した村で丸屋形岳の東側を村域としていた。役場は湯ノ沢川の河口付近でほぼ村の中央に位置していた。

二ツ屋（以下平舘村）杉の浦に至る。もとこ、なん「見し人はとふのうら風音せぬに」と聞こえしところにて、そのむかしは菅といひしかど、いまし世には、なべて杉てふことを村名とはよぶなどいへる人あれど、うべなりともおもほえず。

今津を過て野田の村に泊をさだむ。村中に小川のふたつながれたり。そのひとつをひて、「しほ風こしてみちのくの」と、もはらこ、にながめたりし歌といひながし。仙台はさらなり。

南部路にいふすら、うたがはしと、うら人のいへれど、いかゞあらんか。こ、とこ、ろゐざれど、月のかげおちてすゞしうおかしければ、見た、ずみて、

ゆふ月のかげこそみつれしほかぜの越てふ野田の玉川の水

しほ風こして氷る月かげ、と、ずんじて更たり。

十日

あさ日、島かげよりさしのぼるころ宿をたちて、みちしばしくれば根岸とふところに至る、又の名を根榍《ネッコ》とぞいへる。此浦人は、いむべきやまふいと多し。

むかしはかく家居の数なかりしかど、いづこならんか、男女いくばくの人の船にのり来て、こゝに住つきて、男はすなどりをわざとし、女は割織（さきおり）とて、麻苧のいとをたてぬきに、毛布のやうにあつあつとをりぬ。

出羽の淳（能）代にをる割織とはおなじからじ。こは新保先織といふものに似たりと。あるはいふ、此浦人は越前の国なにがしの庄より来るともいへれば、さもありぬべし。くにうどの諺に、ねつこかみ衆といふ。

うべならん、ものいひぶりの、ところ人おなじからざる也。この磯山かげこに湯泉あり、根榍《ネッコ》の湯といふ。そのほとりに長屋形やま、あるは丸屋形、腰懸などいふ山どもの見えたり。平館《タヒラダニ》に来けり。

【平館海岸・御台場】

台場は寛政文化年間の頃、近海に異国船が出没するようになってたところから幕府によって津軽藩外ヶ浜海防政策として寛永元年十一月西洋式砲台が築かれた。

石崎の浦をへて転々川《コロコロ》（頃々川）といふ浦やかたあり。「うなひ子が氷の上をうちならすいしなつぶてのころころの里」とおもひあはせたる歌あれば、うち戯れ、うちずんじて、小石ながるゝ小河のへたに体らひて、

ときもいまかじか鳴らしころころと名にたててゆく秋の川波

宇田といふうらに来る。

「みちのくの田の小浜のかたせ貝あはせて見たき五瀬（伊勢）のつましろ」とよめるは、宇田の郡にてやあらん。なべて、みちのおくに宇田といふ処のいと多し。いくほどなう伝治が宇田（以上平館村）てふ磯辺をつたふ。鉾が碕といふに、そのさま、人の蹲りたるすがたの石あり。磯近うふりかへりて見れば鷹人の狗飼、あるは山だちなどの居たるにひとし。

建門岩といへるあり

窟の観音とて鳥居あり。むかし、鬼のこもりたるいはやど

【開法寺】

なりと。

【胸肩神社】

第六節　今別町の旅

今別町は、青森県東津軽郡の北部に位置する町で、津軽半島の北端にある町である。東西を丸屋形岳と四ツ滝山を背にし、北を外ヶ浜（三厩）に面する町である。

今別川の流域と長川、黒崎川の流域を町の範囲としている。歴史的には明治二二（一八八九）年の村制により今別村となり、昭和三〇（一九五五）年に一本木村と合併し今別町となった。

津軽国定公園の袰月海岸、青洞塔婆、大開城後、赤根沢の赤岩、砂ケ森、大銀杏などや青函トンネルの入口がある町である。

蟹田・平舘・今別・三厩に通ずる松前街道は、海沿いの平坦な路が多い。しかし、海岸線の岩場は険しくも穏やかで景色が素晴らしい。

鬼泊川（以下今別町）などわたり、かたがり石を見過ぎて、

【綱不知海岸】

又、綱不知てふ名の聞こえたる浦に来る。南部のやまやま霧の中に仄に見えて、舟どもの見えたり。

ふねあまたかけしいかりのつなしらずをちのなみまにながめかる海士

岩屋観音堂

岩屋観音堂はの草創は定かでないが、貞享三（一八八八）年、外ヶ浜代官所・・・書上帳によると、この天然岩洞に小さな祠が建てられて観世音菩薩が安置されているとある。又、天明六（一七八六）年頃の凶作が続いて大飢饉で人々が苦しみ心は乱れ荒れはて、悪人を鬼と言った頃、この観音堂は津軽霊場三十三観音の二十一番札所として広く知られていた。《今別町教育委員会》

岩摺といふ処の磯山の白滝とて、おかしうおちたり。鉾が岬のこなたなる、清水の沢の滝よりは猶こそまさらめと。

【だるま滝】

【岩屋観音堂】

音せずばありともそことしら滝のいとくりかへしながめてぞゆく奥平部《オクタヒラ》のやかたを過ぎれば、
茜沢といふ、まはに（丹）なる浦あり。
小高き処に生ひしげりたる木草の根まで、みな赤く、渚などは血を流したらんがごとく、そこにひれふるいろくずすら、あかそいなどいふ魚はわき《ママ》きて色こく、なべて、此浦の魚なん赤しと人の語る。

【稲荷明神】

【あか石】

青森県津軽郡今別町砂ケ森字赤根沢の「あか石」は天然赤鉄鉱と称されるもので、津軽藩が徳川家霊廟建築の塗装材料として江戸幕府に献上されたことが文献で確認され、この原石鉱物は昭和三十年（一九五五）に青森県の天然記念物に指定され今日に至っている。

うべ、浜の真砂も狸々石ともいひてんか、丹砂などやあらんか。近き世に、こゝを錦浜とぞ名にいふめると聞しかば、

誰が糸によりてまさごをからにしきをりしきをりなみのかゝるなるらん

砂が森といふやかたりあり、鷹の岬といふをへて、高きを下りて海べたのみちなり、山路あり。

なぎさに大石のたてるに鶻（はやぶさ）のすぐひ、かゞなく鷲の声も聞えて、いとすさまじきあら磯也。胎内潜とも犬潜とも、あるはしろいぬくゞりともいひて、その高さいくばくならん。ひきまたのやうに分かれたる岩窓を通りてかつ、母衣月の浦に休らひ舎利浜に至る。

吉田松陰は、小泊から算術師峠を

【高野岬（鷹の岬）】

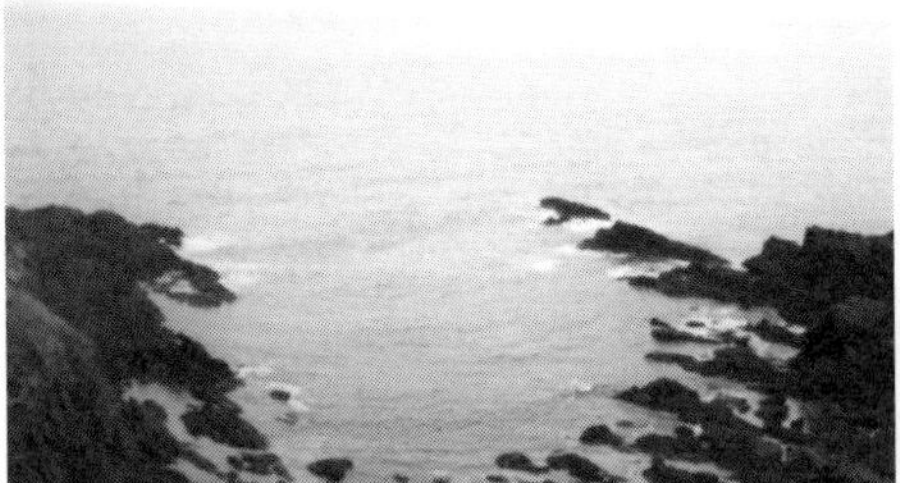

【袰月《ほろつき》海岸と案内】

越えて三厩から南下したと石版に刻まれている。

織田久著「嘉永五年東北」二〇〇一年無明舍、海を離れて山に入る。澗にして登る。寒沢と為す。数次深き毎《つね》に膝を没す。行くこと里ばかり、始めて其のいただきに至る。標高三百七十二メートル、算用師峠からの眺望はすばらしい。一詩を賦して曰く。

去年今日発巴城
楊柳風暖馬蹄軽
今年北地更踏雪
寒沢卅里路難行
行尽山河蔓夷険
欲臨滄溟叱長鯨
時平男児空忼慨
誰追飛将青史名

去年の今日巴城《はじょう》を発し、
楊柳風暖かに馬蹄軽し。
今年北地更に雪を踏み、
寒沢《さむさわ》卅里路行き難し。
行き尽くす山河蔓夷の険、
滄溟《そうめい》に臨みて長鯨《ちょうげい》を叱《しっ》せんと欲す。
時平かにして男児空しく忼慨す、
誰か追わん飛将《ひしょう》青史の名を。

吉田松陰の一節が、褜月《ほろつき》（上月）海岸と案内のすぐわきに石碑がある。松陰は、一八五二（嘉永五）年三月五日、松陰二十三歳。吉田松陰ここに泊る。当時の戸数十七・八戸『東北遊日記』

【旧松前街道・ほろづき海雲洞】

地蔵の滝とて、ひはらのあたりをおかしうおちたり。

この地蔵菩薩は、今別の浦やかたに至る本覚寺の五世貞伝和尚建られたりとか。

此僧侶世に聞えたりし人にて、都より今別のふる里に帰り、享保の末のころ身まかれりとなん。

そのことをあげてことごとくに記したる。『東域念仏利益伝』といへるふた巻のふみを見しことあり。

この滝のおちく、流れの末のあたりの真砂をかいわくれば、黒き砂の中にまじりて、露のこぼれたるやうに石舎利のいと多し。


こは沖辺に舎利母石[4]とて、ふせるがごとき大岩のある。そのめぐりに、したゞみの八重はへわたるが、晴れる星のごとになりいづるが海におちて、浪に、さと、いざなはれてはこゝに寄りくとなん、うら人のいへり。

「見渡せば近きものから磯がくれかゞよふ玉をとらずばやまめ」

といふ歌のこゝろも、しかとずんじて、名は七曲リといふ

【鋳釜崎】

つゞらを十曲りもおりて、深沢といふ磯山がくれにおもしろき処のありと聞て、大泊のやかたに人たのみてあないさすれば、こゝはせんぢゃうじき、こは盞岩、鯉岩、あるは武蔵坊のあしがた、かねかけ、銚子、いぬのくび、象の形、なにくれ、なにくれと、大なる、いはやどのうちの波をしのぎてめぐりたる。

うべも、ことなるところなり。ふたゝび大泊の浜に出て、黒犬潜を越えて山崎といふ村あり。

四方内川をわたる。

大栗山、五本嶽、関内山など見えて、村はしにふるつかのあるは、日持上人(5)の、こゝに、ほくゐきやう（法華経）を石にかいて埋み、松前の島わたりして、こま（高麗）に至り給ふたるあと、て、人なべてとふとめり。

一本木といふ村ありて山路あり、はまみちあり。

われは、はまぢを行て今別の浦やかたに至る。

京川といひ都川といふあり。

むかし、やんごとなき人の此水むくび結て、こや此流のかろらかにして、都の水に露斗もたがはじとのたまひしとて、名にながれたり。

其河のべに、かみさびたる八幡の社あり。

近きむかし、此杜にふるき斎槻の枯たるを伐しかば、その木のうつぼより、くちたる鏃のいくらともなう出たりといへり。

此ものがたりは仙台の辺にも聞えし、兵等が射立て神に奉るもにてや。高徳山正行寺の前を過ぎぬ。

智覚山本覚寺に、なもあみだとなふ声こえ聞えたり。このほとりに入日の岩といふあり。

【始覚山還洞院本覚寺】

始覚山還洞院本覚寺は、明暦三（一六五七）年、安長上人によって開かれた浄土宗の寺で、阿弥陀如来を本尊としている。
当寺の第五世住職貞伝上人は、名僧の誉れ高く地域の産業振興にも尽くした人、漁師の生活を安じた貞伝上人は、境内の多門天堂に祈願し、経を書いた石を念仏読経とともに、海に投げ入れ昆布を根付かせたといわれる。
当地方の昆布は貞伝上人の賜りものとされており、また、獲るだけのものでなく、育てる漁業先駆者とも言われている。

むかし、たふとき人の、落日ををろがみ給ひしよしをいひ、はた、ほろづきのほとりなる岩の上にて筑紫博多の一行寺の僧なにがし、三日のほどみのりをときて、浦人むれ集ふを（リ＝脱）しも、

「通路の外まで照らすほろ月の釈迦の御法にあふぞうれしき」とぞ、ながめられたるなど浦人のかたりたり。

やすみしし、わがおほぎみのみけくとて、普天のした、いづらのくまはものこりなうしろしめて、率土のはま風もたひらかに吹をさまりて、磯うつ浪のか、るかしこき御代とて、行かふ旅人もいとやすげなるをめでて、よろこびのなみだに猶袖ぬらしぬ。

いはゆる今別石とて、磯輪の玉ひろう。あるふみにいふ。

靺鞨はもと蛮夷の名たり、その国に宝石あり、中つ国の人はこれを靺鞨といふ。その色殷紅にして、大なる栗のごとしといへるも、此浜に在るにまさりやはする。こはみな宝石にこそあらめと。

もろこしのまかつもこ、にありきぬのたかあら玉をいざひろはまし

浜名といふ浦に来て、「風渡る浜名の橋の夕汐にさ、れてのぼる海士の捨舟」と、おなじ名なれば、為家のたまひしふるごとをずんじて、遠つあふみの名どころをおもひづ。

〃注〃母衣月村

人家四十軒斗。漁者のミ。人家も甲辰の時よりは又去年通りし時甚だ美敷なるとか。

桧山多くして家柄至て富栄へるし也。又此湾深くして船澗によろし。故に往来の船も此處に多く暫く、小商人有。土産は、桧材、昆布、蚫、海亀、鱈、鯡《にしん》、カスペ、鱒、ホヤ、其外雑魚多し。村内に九折甚敷處を下り鎮守社有。又此岬を號《よび》て高野岬と云よし。只上を過るのミ也。海岸ハ至て険巖なるよし。「東奥沿海日誌」

〃注〃算用師《さんようし》峠

算用師《さんようし》はアイヌ語のサニウシに由来「下りの場所」の意味。「日本地名大辞典（角川書店）」、松浦武四郎は三航蝦夷日誌・東奥沿海日誌でサンヤウシと表記。

第七節　外ヶ浜旅の二

旧三厩は、青森県東津軽郡の北西に位置し、津軽半島の最北端に位置していた村で、平成一七（二〇〇五）年に同郡の蟹田町、平舘村と合併して、外ヶ浜町を設立し旧三厩は消滅した。

三厩の名称の由来は、義経伝説に由来すとの説があるところである。

歴史的には、一八八八年に今別村外六ケ村の組合を解きて三厩村が独立した。その後一八八九年に村制を施行。

二〇〇五年に市町村合併により外ヶ浜町となった。

第一項　三厩

津軽半島三厩は竜飛岬を持つ本州最北端の地である。ここは海沿いながら凄まじい断崖絶壁の地形をもつ地域である。

その厳しい地形が創りあげた世にも珍しい「階段国道」が存在する。「階段国道」の339号線は、最初の階段から竜飛灯台への階段まで標高差一〇〇m以上にもなる。

しかし、晴天の時の眺めは素晴らしく登るだけの価値がある。今は海岸線の集落から二車線の道路が出来ている。

三厩は津軽線の終点の駅でもある三厩駅は村に入って間もなくの左側にある。北西の端には竜飛岬があり、その地下には青函トンネル竜飛海底駅がある。

増川（以下三厩村）の浦をへて松ヶ崎といふ処に日はくれたり。いづこならんか鶴の声の遠う聞えたるは、「千年ふる松がさきにはむれゐつつ鶴さへあそぶこゝろあるらし」といへる歌のこゝろにもかなへりと、その名どころをおもひやり、しばし聞たゝずみて、あやしのまろやに宿こひねたれど、なにくれといぶせく、いもやすからでひましらみたり。

野山へてつかれし夜半はくさまくらかりねのやどにゆめもむすばず

十一日

松前の島の、浪の上に遠う見やうれて、しほせさしのぼる、あさ日のてりみちたるころたちて、三馬屋（三厩）の浦につきたり。

かの、みたりのおほんまふけとて、三のふなよひ[6]して磯近くつなぎ、脚艇などいつくしう見えたり。

此浦やかたに神明のみやどころあり、養信庵といふいほりあり。御厩石のほとりよりのぼりて観世音堂[7]あり。

こは、むかし、越前の国足羽なにがしといふ人の夢に、われとし久しくこゝに在り、ねがはくば、みちの三馬屋にいたり島わたりの舟をまもり、浦のまもりとならんと見おどろきて、いそぎこの浦にをくり奉らんとおもへど、よるべなければ、すべなう月日をふるに、そのくにうど久末なにがしといふもの津軽にいきて、桧原の杣に宮木伐らせ、おほぶねにつみくとて、ふなでしけると聞て

これにたぐへて、みほとけを奉れば、久末、としごろ宿りつる問丸伊藤五郎兵衛がもとにもりいたりて、しかじかのことありといふ。

あるじは、ひんがしのみてらのながれをくみて、ことのりのをしへにはかたぶかで、をりもあらんとて、からうづ（唐櫃）に、ふかくをさめぬ。

としへて足羽がもとより出たりける円空[8]といふすけ（出家）、島わたりせんとてすぎやうし来りて、これも夢をしるべに、みちのくの国にいたれば三厩の港につきて、そのほとけのおましませる宿ともしらで伊藤がもとに泊りて、この浦にさることやあらん、いづこならん。あるじこたへて、わが家に

【龍馬山・義経寺】

浜辺から地蔵の傍から階段を登ると正面に龍馬山の社寺が有、横上に義経寺がある。車の方は、海沿いを数百メートル走らせると小川有、川沿いの松陰海道を登ると竜泊ラインバイパスの橋脚の下に出る。それを左に曲がり登り右に曲がり竜泊ラインバイパスに入り紫陽花通りに義経寺がある。

こそあなれ。

こは、ゆくりなうさちなるかなとよろこび、猶たふとく、われ御堂を建んと、此法師かくて、三厩岩の上なる磯山をひらきて、そのみほとけをおかん。

この観世音は源九郎義経のきみ、かぶとにをさめて、そのた丶かひに、しかまのかち（飾磨の搗布）をえ給ふのとこのましませし、一寸二分の、しらがねの、みかたしろなりけり。それに、足羽がもとへのもんじゃう、花押あるをそへたり。


円空みづから観音の像を斧もてつくり、しろがねのみかたしろは木のみかたしろのむねにこめて、そのもんじゃうに、円空法師、ありつるゆへをかきそへて伊藤がもとにいま猶あれど、いたくひめて、この浦人すらゆめしりたるもののもあらねど、ある法師のこ丶にとしをへて、なりむつびたるとて、そのあるじが、このほうしにのみみそかに見せしとて、かのほうしの人にかたりていふ。

いとふるめける紙のあつあつとしたるにかいて、義経とあり。又円空法師が書そへたるかみは新しいけれど、ところどころしみのはみて、文字のさだかならざるもありきと。

その円空が作れる観世音を一とせ、みとばりひろいて人にをがませ奉れば、雨風しきりにして海あれ、ひかり、かんどけしたれば、此た丶りにやと、いそぎとざしてより、いまは住僧のほか、さらに拝み奉りし人もあらじとかたり、春の末は三宝島もかならずきなく、もともたふときところなど浦人の話りたり。

「けふもかもみやこなりせば見まくほりこしの三馬屋のとにたてらまし」と、ずんじぬ。

人もしかおもふにや、松前のきみの牘に、「船うけて月をみまやの浦辺行らん」と、太気能綾太がながめて奉るかた歌てふものを、かのきみ、盞の皿にか、せ給ひしとなん。

この三厩の、新谷勘兵衛といふもの、砌に在つる梨子のいとよければ、おはんつかさとやらんめして、めで給ひしあまり紅梅瓶子と名づけ給ふを、われも人も接換、寄枝とし、あるは嫩なるをうつして、いま三厩梨子とて、その果、津刈のくぬちにいと多し。

そのもとは、此宿なりしと人のいひて、その門をすぐ。

宿てふ宿にす、とり清め、そのもふけなべてならず。

いついつの日、むさしをたちてこ、に至り給ふなど、人さはにいりみちて、しばしとて休らふがたもあらわば、鳥銕（宇鉄）の浦にいざ行てんとて、三馬屋（三厩）のはしなる中浜といふところにしばし休らへど、此あたりも屋根ふきかへ、さうじはるなどいとなければ、磯辺にたち、渚なる冑石とてたるを見た、た、《ママ》ずみ、朝川わたりて算用師といふ村に来けり。

この山河をさかのぼれば、小泊の浦にいづといふ山越のみちあり。六丈間といふやかたをへて藤島といふがあり。

そのやかたもありき。あかわしりのみちに行なやみ休みらひて、

春は咲く花のすがたを寄る波に見せてぞか、る浦の藤島

此あたり、過来しかも、柴ふける屋に木の皮の戸さして、磯辺にかりの栖居して、夏ばかり、ひろめからん料にぞせりける。真砂地にほしたる昆布をのしたゞし、ゆひつかねて、男女いとなう見えたり。

巌の上にのぼりて四枚橋とて、細き木をいはのはざまごとにかけわたしたるを、うちよる波のうへあやうげにふみて竃の沢村になりぬ。

このやかたの辺に、田村将軍の、ゐみしをうちたまひしころ、すへたりし釜のあととてありけり。旧鳥錬(宇鉄)川をわたりて、上鳥錬(宇鉄)の浦といふやかたに巳のとき斗につく。此浦人はもと蝦夷(9)の末ながら、ものいひ、さらに、ことうらにことならず。近きむかしとやらんに髭そり頭そりて、女も文身あらで、そのけぢめなし。

うらのをさ四郎三郎といふがもとに宿かる。むかしは浦々に蝦夷や多かりけん、にぎえぞ、あらえぞなどもはらいへり。

猶ありたりし母衣月の幣岐利婆が末の子を又右衛門といひ、松が崎の加布多以武、その末を今は治郎兵衛といひ、藤島の牟左詞以武、いまその末は清八といひ、宇氏通(宇鉄)の久麼他可以武が末なるは、此宿のあるじの四郎三郎なり。

此四人の保長《ヲトナ》とて、浜名浦の七郎右衛門をいまもおやかたといひ、としのくれなどには刀万府てふ、海狗(とど)にたぐふ、うなのけものを小島のあたりにとりて、その浜名のをとがもとに土毛にをくりたりしよし。この、うてつのうらよりは家居もたえて、率土(外)の浜輪のはてにこそあらめ。

なべてうらわに、あた玉とつくるべき石のあれど、委万幣都（今別）の浜にくらぶれば、あるがあるかは。

しばしは、ひぢををりて休らひ、ふた、び、海べたに出てあたりを見めぐり、「到合浦者不求裏宝珠、登摩嶺不染有衣香」とか、家づとにもひろひたり。

かく宝石のところどころに在れば、外がはまべに合浦の名をいひわたり、からうたなどに盂嘗がふるごとをひいて、もはらいへり。

やをら日の海に入て、さしのぼる夕月をたどりておきべおきべへとこぎゆく小舟は、網させりといふが、ほのかに遠ざかる。浜風の寒ければ入て枕とる。

浦づたひそことたつきもなみまくらか、るたびのよる
よるぞうき

十二日

あさひらけ行海の面に、松前の島は乾のかたに晴ていと近う、ふなみちの七里とかや。

うべならん墨がきの画のやうに見えて、しろう見やられたるものあり、たかどのなどにやと、めなれたる海士のいへり。

【観光駐車場から見上げる竜飛岬灯台】

この浦の末に竜浜（竜飛）といふ処のありて、そこに、帯嶋といふあらいその岩に弁財天女の祠あり。

そがあたりにいかんには、山背泊《ヤマセ》、柾刈泊《マサカリ》、梨の樹間、蚊柱（川柱）、鳴神、椎神、兵粮、甲嶋《ヨロイシマ》などの名はあれど、みちさらになきをめぐるなどいへり。

沖にふねのいかりかけたりと、あるじのみるめはやく、よきふねの来也、いそぎものしてよ、たよりしてんとて、小舟をとばせてのり行てとへば、小泊の浦、十三《トサ》の港べにをふふね也といへば、ほゐなう。

あるじもこぎ暮て帰りぬ。近となりに砧の音の聞こえたり。

　　をぐしとるいとまも波のぬれごろもいかにほしてかあ
　まのうつらん

十三日

あけ行海づらに、真帆も曳たる船どもの追手こゝろよげに、うす靄の中を、こゝかしこにつらなりわたるひんがしの磯山に、浪かあらぬかとよこたふ雲の、いふべうもあらぬわたのなが

【帯嶋・弁財天女の祠】

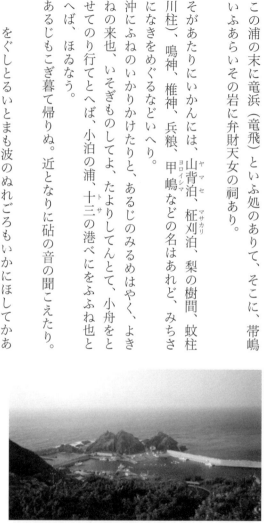

めは、春に見たらましかばいかならん。

あさ日さしのぼれば、こなたかなたの磯べより小舟のり出て、から長き夜須てふものもて鰒つきありき、ひろめかる泉郎は、大なる木のまたのかぎをふたつゆひそへ、石を硾につけて水底に投げやり、根こじてひきあぐる。

これなん三馬屋（三厩）昆布とて、みつぎにも奉り、くぬちに、このゑびすめをあきなひものとせり。猶船の行を、

真帆かたほ見えみ見えずみたちこめてへだつ霧より奥の浦ふね

鵜の、はねを、ふためかしひらきて、日がげにむかひたつ岩に、さと波の寄かへるさま、「夏とても身をばいづくにおくの海の鵜のゐる岩もなみやかくらん」と、ながめ給ふたるにひとしかりき。

宿に入れば、たま祭すとて、仏の前にあか棚たかうゆひあげて、をみなへし、小萩、小車、水かけぐさをり手向、よこたへる棹には五色の紙をかさねかけて、粢をいろいろにそめ、仙袂、青豆、はまなすび、山葡萄などを糸につけてうちかけ、昆布を細くたちてかけまぜて、萩、芒のくきを青ごもとあみ、棚のうへにきよげにしき、かいばとて、朴のひろ葉をひしひしとしきならべ、荷葉あらざれば、これにかふるこゝろにや。

ふねの磯辺う来寄たるに、宿の男岩の上に立てしかじかといへば、ぶんまよくばといふ。い

らへて、ぴるかならんといへり。

こはみな島渡りなれたるもの、ゑみしらが言葉を聞ならひていふなり。夫牟万とは賃銭をいひ、比留加とは良《ヨシ》といふこゝろなりとか。

さりけれど、やませのふかねばとて錠（いかり）かけたり。やませとは、山の背などより吹をはじめにゃいひけん。

第二項　松前渡り

艮（東北）の風をいひて、これを追手に松前渡をせり。

日は西にかたぶけば、たうめ、をさめ、わらはうちこぞりて、磯山かげのつかはらに灯とり、すゞすり、かなつゞみうちならし、なもあみだほとけ、ほとけ、あなたふと、わがち、は、よ、おぢ、あねな人よ、太郎があつぱ、次郎がゑてなど、なきたま呼ぶに日は入りたり。

わらはのはせ来ていふ、やませ吹来ぬ、したくしたまへてとていぬ。


見わたしの近きものから蝦夷のすむ千嶋のなみの夕ぐれの空

小舟にこがれいでて大船にのりうつりて、帆縄ひきあげて、こはよき追手とて、あまにもたせて宇底都（鉄）の泊も放れば、建（竜）飛が崎来つれど浪風もしゞまに、こは、たつひ、白神、なかの汐とて音聞えし、あらき三のしほせのそのひとつながら、いさ、かのしほ波たるもおこらず。

弁財天の嶋かげをうちめぐらすをりしも、楫とりの声あららかに、よき日よりたもれ弁財天と叫ぶに、はと聞おどろかしらもたぐれば、月のくらく見えて海の上たひらかに、泙（なぎ）たるしほ風さむければ、

月もいま雲の衣をかさねてなみのおひしま夜寒をぞしる

中の潮迫のほとりに風の吹おこり、しほも高う浪たてど、ふなこらはやすげに、「いやな男とやませの風は、そよよとふけども身にさはる」と、飯筍うち叩てうた唄ふ。

はしらも吹たはむべう風いよ、ふきにふけば、船を、みたになどにのり入るやうに浪のうねりきて、ちりたる、たか葉など見るごとく波にいざなはれ、からくして、そのなごろをいづるやとおもふに、はやこ、なん白神が岬のしほなりとて、猶うたうたふに、たかき山とはおもへと、ふなぞこは、なる神のごとくがうがうとひゞきて、こ、ろならねば、ふしにふしたれど、

【津軽半島龍飛崎灯台】

いかならんと、かしらをあげて海の面をみやれば、みなぎり落る滝つせなどに、月のおちたるがごとに、か、る汐起りのおそろしさに、うなの神にぬさとり、しほせに投げて、

風はみなみのまにまに行ふねをみそなひたまへ綿津海の神

と手酬すれば、うけひきたまふにゃあらん、あら汐のからきわだなかをこぎ出て、風もや、なぎたり。

月はいとおもしろく、千里のくまものこりなうてりわたれど、いまだこ、ろもおちゐず、ゐひふせるに、犬の声の遠う聞えたるは、はや島の近づきぬらんかしとて追行に、月も入はてて、いとくらきふなみちを、そこともしらず星をかざして、その末こそ見えぬ。

真北なるうごかぬ星をしるべにてふねのゆくゑもしらぬ遠方

かけろととの鳴音も聞えて、みなとべしるき、たかきともしびのひかりをそことさして、とりかぢ、ようそろ、おもかぢと鍼すぢを見てよばひ、沖のしら浪しらじらと明はなれ、嶋山の梢も手にとるやうに見えそめて、やかた、やかたもそことしるべう。

朝日のさしのぼりては、島のすがた、なにくれと、いよ、見わきたるやとおもふ間に、くにぐによりこぎより、むやひしたる、あまたの泊船のあはひにこぎまぜて、ふねつきたり。

〝注〟

（1）津刈の五郡　正しくは次の六郡があった。平賀郡平賀川沿岸の村々）、花輪郡（岩木川沿岸の村々）、田舎郡（浅瀬川沿岸の村々）、入馬郡（木造・十三地方）、馬郡（北津軽地方）、興法郡（浪岡・藤崎地方）

（2）宗像の神　福岡県宗像郡にまつられている宗像神社は巌杵島姫（辺津宮―田島）多岐津姫（中津宮―大島）、多紀理姫（沖津宮―沖ノ島）の三神が三地三社にまつられ、古くから海の神として尊ばれ、日本海沿岸各地にはその分社がみられる。

（3）ことふみにのせつ　真澄に『うとう考』という書物があった。実物は発見せられていないが、文化末年ごろに書かれたものとみえる。そのころ『しとがはまづたい』も改写せられ、その本のことにふれたのであろう。

（4）舎利母石　安山岩・玄武岩などが固結するとき、溶岩中に含まれているガス体が放散されるためにたくさんのまるい気孔ができ、その中に白色の玉髄、方解石、緑泥岩がつまったものができる。舎利母石はこのような球顆状玉髄を含む杏仁状玄武岩質の岩石をいうのであろう。

（5）日持上人　日蓮の高弟で、四六歳の永仁三（一二九五）年の正月元旦に海外布教の目的で旅に出、東北地方をまわって津軽に来、翌年蝦夷（北海道）にわたり、さらに、シベリアに渡ったと伝えられている。

（6）三のふなよそひ　幕府巡見使の船が準備せされていた。『東遊雑記』によると巡見使一行は、天明八年七月二十日に松前へ出航している。

（7）観世音の堂　この堂は義経寺とよばれ、寺にのこされている『竜馬山観音縁起』（延宝三—一六七五—年当時住職が古筺の中から古い縁起を見つけて書写したという）によると「源義経が兄頼朝に追われて北海道にわたるとき、日ごろ念持の正観音をここの岩の上において去った。その後寛永年間（一六二四〜四四）越前国西川郡符中の産円空がこの地に来てこの正観音を発見し。霊夢によって古事を知り、あらたに観音像をきざみ、この胎内に正観音像をおさめ、草庵を結んで安置した」とある。円空の刻んだ観音像はのこっていなく胎内におさめたという像ものこっていない。

（8）円空　江戸初期美濃国に生まれた。元禄八（一六九五）年、いまの岐阜県関市で死んだ。各地を行脚し、寛文五（一六六五）年ごろ、三厩を経て蝦夷（北海道）にわたり、西は太田から東は有珠岳あたりまであるき、それより下北半島にわたり、陸奥・関東をあるいて郷里にかえった。途中庶民的な仏像を多く刻んでのこしている。

しかし、円空を名のある行脚僧は、諸国にいく人もいたことが、前注（7）によっても知られる。

（9）蝦夷の末　明治の初年までは、津軽半島の北郡や下北半島には、アイヌがかなり住んでいたが、多く和人の間に交っていた。宇鉄（三厩）だけはアイヌの集落で、蝦夷（北海道）のアイヌとの間に通婚がみられていた。JR三厩駅は街の入り口にある。

〝注〟三馬屋

厩《うまや》とも書け。人家八十軒斗。松前侯本陣其外商人等皆家作《かさく》美々敷事也。扨此處は、北東向の彎にして東母衣月岬、西は龍飛岬対峙して一彎をなす也。扨船澗ハ此町の下の處千石以下共何程にてもかゝるによろし。龍飛へ五里といへ共四里半位なるべし。宇鉄も同じ。「東奥沿海日誌」

【JR 津軽線　最終　三厩駅】
三厩駅にポーズをとるのは中山佑輔君

三厩湊には珍しい階段国道がある

世にも不思議な階段国道が三厩にはある。この国道は立派な一般国道である。地形から民家の軒下を通り民家の座敷が見える縁側を素通りして竜飛岬へ通ずるれっきとした国道である。その階段は三六二段あって、勾配がかなりきつく狭く曲がりくねって人がひとりやっと通れる巾の道である。天気が良ければ津軽海峡から北国がうっすらと見える。竜飛は風の道のごとく海から吹く風は強い。階段の一部には自転車を乗せる傾斜スロープがあるがきつく利用する方は少ない。町道もあるが通行に難がある。

この階段の上りは湊の竜飛漁港バス停近くから登ることになる。下りは竜飛灯台の循環バス停近くに看板があるのでそこから下る。古道をこのように整備されたのが国道指定された後に、地元から「観光名所」にと要望が出され国土交通省が階段国道として整備して今日に至っている。この地形は急峻で道を掘削するのが困難で、風向明媚な環境を破壊することに繋がるとして議論が出された。

【竜飛岬公園から下る階段国道】

【海岸の民家横から登る階段国道】

三厩湊の名所旧跡

津軽半島最北端の竜飛岬の崖下に湊がありそこが三厩湊である。ここには太宰治の記念碑や大町桂月それに佐藤佐太郎らの文学碑が建てられている。一度は訪れる価値はある。さらに吉田松陰の碑もあるが松陰については、ほろつき海岸でも述べてあるので省略することにした。この外ヶ浜にも西行の歌枕がある。歌人が訪れた分けではないが想像しながら詠ったのであろう。

むつのくのおくゆかしくぞ思ほゆるつぼのいしぶみそとの濱風

（岩波文庫山家集一七三雑歌・新潮一〇一一番・西行上人集追而加書・夫木抄）

むつは＝陸奥、おくゆかしくは＝心根が美しく穏かで深みのある意、そとの濱は＝現在の外ヶ浜町（青森県津軽半島の東岸にあたる町）にあたる。

当時の交易は日本海側が中心で十三湊《とさみなと》を経由して竜飛から蝦夷を目指していることから、その日本海や十三湊からすれば外がわの海（外ヶ浜）であったと言われる。

第八節　由来・伝説・伝承

1）厩石の由来

由来・伝承は各地にあるが、ここ三厩には義経伝説が残されていた。その厩石の由来は「文治元年（一一八九）兄頼朝の計らいで、衣川の高館で藤原泰衡の急襲された源義経は、館に火を付け自刃した。これが歴史の通節であるが、義経は生きていた伝説である。藤原秀衡の遺言（危機が身に迫るようなことがあったら館に火を付け自刃を装って遠くの蝦夷が島「北海道」へ渡るべし）。その言葉通り義経は北を目指しこの地に辿り着いた。

遠くに蝦夷が島を望むが、荒れ狂う津軽海峡が行く手を阻んで容易に渡る事が出来ない。そこで義経は竜岩に座して三日三晩頃信仰する身代わりの観世音を安置し、波風を静め渡海できるよう一心に祈願したところ、丁度満潮の時に、白鷺の群れが現れ、三頭の鞍馬を与えてくれた。「これに乗って渡るが良い」と云って消えた伝えがある。翌朝崖上を降りると岩穴に三頭の鞍馬が繋がれていて海上は鏡のように静まりかえっていた。義経はこの馬に跨り渡り無事「蝦夷の地」に渡る事ができたと云う伝説である。この言い伝えから、この岩を厩石、この地を「三馬屋（三厩）と呼ぶようになった」とある。

【厩石の説明板（道路沿い）】

【海辺から見たところ】

2）美利河温泉伝説

真澄が渡海した蝦夷の地に世にも不思議な伝説が残されている。ここは倭人の支配が及ばなくアイヌ（字を持たない民族）の地に書が残されていた。

品格の「書」がある。ピリカベツはアイヌ語で「美しい川」の意味であり、その語源のまま美利河と名付けられた一とつづられている。その「書」は、道南の今金町美利河温泉宿「山の家」にある。縦三五㌢、横一三五㌢に四〇行程で柔らかくも豊かな筆致で書き上げられている。お客様から「良い書ですね」と言われ、見るたびに私を引き付ける。

「書」に書かれている伝説の核心部分は室町時代の享禄二年（一五二九）。このころセタナイ（現せたな町）も倭人とアイヌ民族の戦が絶えずアイヌの酋長タナサカシが松前藩に暗殺される。これを悲しみ恨み酋長の娘タナケシの娘婿タリコナもまた決起するが暗殺されてしまう。度重なる戦と優しい夫をなくしてしまったタナケシは、悲しみのあまり美利河の山奥にこもるが、ついに耐えかね底なしの湯つぼに身を投げて命を絶ってしまった。その後、タナケシの化身となって蛇が現れ住みゆくようになったと、古代伝承の語り部よって伝えられている一書はここで終り「煕山書《きざんしょ》」となっている。

（写真家・鈴木隆夫「北海道新聞朝刊、コラム、朝の食卓から」）

3）「奥民図彙」

江戸時代に菅江真澄と同様に庶民の生活ぶりについて書き残した人物がいる。その人は、津軽藩士の比良貞彦氏である。彼は参勤交代で津軽に帰った時を利用して藩内を歩き暮らしぶりを書き残しているが、その書の中に三厩の漁師（猟師）が着ていたと思われる着物が画《えが》かれている。青森県県立図書館郷上五号・編集発行青森県立図書館【比良貞彦「奥民図彙」復刻刊行九五頁、昭和四十八年三月十日「于鉄三馬屋アタリノ猟師カクノモトキモノ着ス）】

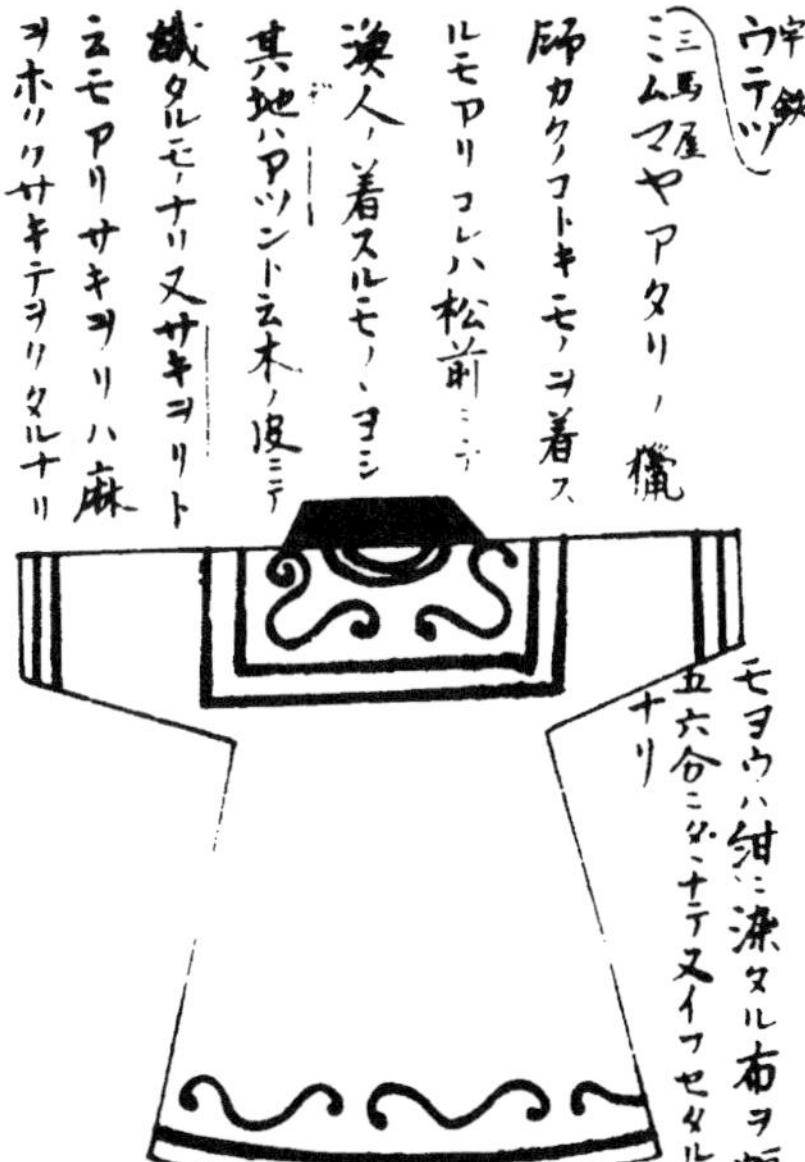

第二章　真澄のふるさと考

第一節　岡崎市史

第一項　岡崎市考

岡崎市史に東海道人物詩にみる岡崎の文人たち『菅江真澄と岡崎』と題した項目があって菅江真澄について詳細な記述があるので考察する。

記述によれば、江戸時代後期の紀行家で、民俗学の先駆者ともいわれる菅江真澄は岡崎の出身と推定される人物。岡崎市史によれば、彼は、その生涯の大半を現在の東北（みちのく）・北海道（蝦夷）の旅中に過ごし当時かえりみられることのなかった庶民生活を学問の目で観察し数多くの著作を残した。その著書は、旅日記約五〇冊・随筆五〇冊・秋田藩領地誌六〇冊・その他図絵集・歌謡集・雑葉集六〇冊など膨大で、民俗・歴史・考古・本草などの学問分野において高く評価されている。又、「『伊奈の中路』をはじめとする日記や秋田藩領地誌は、真澄の晩年に秋田藩の藩校明徳館に献納され、後に『菅江真澄遊覧記』と称されて親しまれている。

菅江真澄は、宝暦四年（一七五四）か或いは五年生（墓碑には享年七十六七と刻まれている）。本姓は、白井在郷時の通称は幾代治あるいは幾代二、名は知之のちに秀超、雅号は高甫・雄甫などと幾つもの名を持っている。

天明三年（一七八三）出郷後の通称は、英二、名は秀雄と称した。菅江真澄と云う名は、文化七年（一八一〇）頃から使用している。数え年、三〇歳の天明三年春、故郷と推定される岡崎を旅立ち信州に一年間滞在の後、やがて越後から出羽、みちのくに入り、以後五〇年近い年月を北海道含め東北各地を旅し、晩年は出羽国久保田藩城下（現秋田市）に居住した。

文政一二（一八二九）七月十九日、秋田藩領地誌編纂のため秋田領内を巡村中の仙北市（角館町）において没した。その遺骸は秋田市郊外の寺内町の墓地に葬られ友人鳥屋長秋らによって墓碑が建立された。真澄は多能な人で、旅中にあっては和歌の宗匠、医者などのほか、時には修験者としての面も見せたりしている。

菅江真澄の人となりや学問の業績については、すでに明治初年から真澄終焉の地である秋田の石井忠行・真崎勇助をはじめとする人々によって研究されていたが、大正期に入り柳田国男の研究により一般的に知られるようになった。（定本柳田国男集三：菅江真澄）。

しかし、当時の菅江真澄研究はその故郷や出自が謎めいていたためか、真澄の業績研究よりも故郷探しに傾く傾向があった。真澄が文化七年の日記『男鹿の春風』の序文に『三河の国乙見なる菅江の真須美』、文化十年の『花の出羽路』の序文の『三河の乙見の里人菅江真澄なり』と自ら記している。

一方「真澄の墓碑に刻まれた鳥屋長秋の長歌には『三河渥美小国ゆ、雲は晴なれ・・・・』とあって、三河国渥美郡出身のようにも考えられるところがあり判然としなかったからである。乙見は岡崎城下とその周辺をさす古い呼称であり、真澄自ら書いたのによれば明らかに『岡崎の里人』であると理解される」と説明している。

岡崎市の「岡崎史跡と文化財めぐり」著第二五八頁、岡崎歴史年表に次のような記載がある。

七一六　年　三河八郡・額田八郷できる。

九〇一　年　延喜式に三河の駅として鳥捕・山綱・渡津を置くとある。志賀荘・乙見荘などが出来る。乙見荘を藤原李兼が領す。

一一八五年　安達盛長が最初の三河守護となる。鎌倉街道の宿として矢作の東宿・西宿が出来る。

柳田国男は「大正九年一〇年に岡崎を訪れ確かめたが、手掛かりを得ることが出来なかったと説明している。柳田国男は「(還らざりし人『定本柳田国男集二』のなかに『岡崎では曾って其様な人が、生まれ且つ去ったことを知って居る者さへも無いやうであった。実に恐ろしいのは百年の力である』)」。

この時、柳田国男は、大樹寺にも参詣し、菅生神社で岡崎の『趣味の会』の好事家ら五〇人ほどに真澄について講演した。

柳田の話を聞いた岡田太郎次郎（撫琴と号した）は「翌大正一〇年刊行の『岡崎案内』に郷土の人物として真澄を紹介しているのは注目されよう」。
戦後「菅江真澄研究は内田武志によって本格的に進められ、今では個々に刊行されていた真澄の著作も（菅江真澄全集『全一二巻、別刊一、内田武志・宮本常一編』）が刊行され、現存する真澄の著作を目にすることが出来るようになった。

【大樹寺の正面の山門】

大樹寺は成道山松安院大樹寺と称し、松平親忠が文明七（一四七五）年に、戦死者供養のために勢誉愚底を開山として創建したとある。その後、徳川氏（松平氏）の菩提寺として歴代の当主の位牌が安置されている。しかし、十五代将軍慶喜公の位牌だけが無い。逸話に、永禄三（一五六〇）年、桶狭間で今川軍が敗走し、松平元康（徳川家康）がここに逃げて帰り先祖の前で自害しようとしたが、住職の登誉に諭されて思いとどまったとある内田武志は全集別巻『菅江真澄研究』において、真澄の生涯の経緯と故郷・出自などについて新しい見解を示した。真澄が幼少の頃より岡崎に居住していたらしいことは真澄の著書にも記されているが、その後当地においても真澄自身が在郷時に書いた文、和歌、在郷時の真澄の居所を示すと思われる史料も発見され、不明とされていた出郷以前の動向がかなり明らかとなった（仲章一『菅江真澄の遺文とその背景』）岡崎地方史研究会（研究紀要五・六、新行和子『岡崎における菅江真澄とその出自について』）岡崎市立図書館（菅江真澄顕彰記念誌）。

在郷時の菅江真澄の項では、「菅江真澄の日記・随筆・地誌などを読むと、頻繁に岡崎に関する文が挿入されており、その書き振りはこの地に住んだ者の土地勘を生かしたものであることがわかる。

【甲山寺／本堂】

【甲山寺／御坊前】

【天台宗長輝山甲山寺（岡崎市六供町甲越１７）】
長輝山甲山寺は岡崎城の鬼門を鎮護する寺として慶長八（一六〇三）年徳川家康によって本堂（護摩堂）が再建され、徳川綱吉によって、元禄十五（一七〇二）年に改築された。
本尊は木像不動明王／無動尊、駐車場は秋葉堂前で数台のみ可たとえば随筆『かたゐ袋』（菅江真澄全集一二）に、真澄一六歳位の頃、アイヌ人が和人にまじって伊勢詣での折に岡崎の甲山寺の六供坊に泊まったが言葉などとてもアイヌとは思えなかったと少年時に見聞きしたことを後年に思い出して記している。

〝注〟アイヌ人が和人と一緒に岡崎の甲山寺六供坊に泊まった話

『かたい袋』一七六九年、真澄十六才頃「なゝえ」と云う処のアイヌを見た記録であるが、蝦夷地でも近蝦夷（内地に近い蝦夷で道南地方を指す）と見られる。現在の七飯町は明治以降合併して生まれた町である。それ以前の「なゝえ」は函館湾の近くで七重（浜）と呼ばれた地域（現在は北斗市七重浜）と思われる。そして、この地域の者でないかと思われる。松前藩が場所請負制度を利用しアイヌの地を収奪して行った頃で、アイヌと和人の関係は最悪の状態にあって、アイヌが蜂起などがあって緊張状態が続いていた。一六六九年シャクシャインの蜂起から、一七八九年のクナシリメナシの蜂起の時代にかけて断続的に争いがあった。また、近海にはクジラを追って外国船が度々出没していて、有珠湾の伊達にはイギリス艦隊が上陸して気船の燃料を補給していたき記録もある。こんなことからアイヌは気楽に出掛ける環境にはなかった。従って、真澄が十六才頃に見たとされているアイヌは「シャモがえり」ではないかと推理される。

この頃の岡崎は浄瑠璃伝承をはじめ、岡崎城下辺の伝承・逸話などが最晩年の地誌に至るまで著書の随所に記されているところから、岡崎は文化が芸術の中心にあった（菅江真澄の岡崎を中心にした三河関係遺文は『近世学芸十三に収録』）。

表七—八二は現在判明している資料によって作成した真澄在郷時の略年譜であるが、これらによって真澄の郷国時代をまとめてみると次のようなことがわかる。

まず真澄が当時岡崎の人として理解されていたことは次の三点からである。

その一、安永三年、岡崎材木町の三浦某の初老を祝う（初老寿詩集『近世学芸一三第一所収』）が刊行されたが、岡崎をはじめ名古屋などの近隣の雅人が漢詩・和歌・俳句などを寄せたなかに、岡崎の春巌らにつづき当時、知之と名乗っていた真澄の『四十とせにみつるはじめの老いの身のおひゆくすへや久しかるらむ　同、知之』という寿歌がある。真澄二一歳の頃と思われるが、『同、知之』は『三、岡崎』肩書の前者につづくので、明らかに『三州岡崎の知之』という意味にとれる。

その二、安永六年二月二〇日、真澄は遠江二俣大谷村（現浜松市天竜区大谷）の名主で国学者として知られる内山真竜を訪問した。真竜日記（現浜松市立内山真竜資料館保管）によれば、三州岡崎伝馬町白井幾代治知之という者が来て歌を乞うた。この人は冷泉家風を習っている者だが、一宿して帰ったという内容の記事がある。これによって当時の真澄が通称を幾代治と称していたことがわかるが、真澄の在所は岡崎というばかりでなく、伝馬町であったことが窺える。

その三、安永六年、名古屋八事山般若台に隠棲する南画家丹羽嘉言は（謝庵醒筆『菅江真澄全集別巻一内田武志菅江真澄研究)』）に三河岡崎の白井知之という者が漢文を学びたいといってきた自生はうまれながらにして和歌の才能をもっているという意味の文を記している。

丹羽嘉言は画家としてのみならず漢学をはじめ文辞の才能ゆたかな人で、風雅な生活を送っていたが、真澄は嘉言のところに出入りして漢文を学びはじめたのである。真澄は晩年の日記に『筆の山口』に、『おのれ三河の国人ながら、いといとわかゝりしころは、尾張の国にのみ在りて・・・(菅江真澄全集一一）』と記しているが、若い頃、医家としての修業などのため名古屋に滞在していたのである。

にもかかわらず丹羽嘉言は『岡崎の白井知之』と記しているのは「この時代の常識から判断して真澄が岡崎の人であると理解して間違いないのであろう」とある。

嘉言は同書に、真澄が十二の頃、和歌の才能を発揮して話題となっていたエピソードも紹介しており、真澄すなわち白井知之の生い立ちを良く承知していたものと思われる。

真澄は、この頃嘉言のもとに頻繁に出入りし、名古屋の国学者田中道麻呂のもとにも出入りしたが、安永九年五月の丹羽嘉言らとの伊吹山採薬旅行のあとは、岡崎に帰ってきたようである。

安永九年と推定される八月一二日の夕べ、真澄は伝馬町国分家の市隠亭の観月の宴に出席、漢詩をつくる人々にまじり真澄は和歌を詠じている。

さらに同一〇年二月二二日、大林寺（魚町）で行われた兵藤弄花軒の七回忌の花展に和歌を献じ、同年、伝馬町の旅籠屋柏屋の主で漢学者の金沢藤左衛門休の婚姻に寿歌を贈っている。同年三月には明大村（現吹矢町）の成就院のために『浄瑠璃姫六百回忌追善詩歌連誹序』なる引札を記している（菅江真澄全集一一ふでのまま）。

天明二年の三月一二日は浄瑠璃姫の六百回忌にあたり、浄瑠璃姫ゆかりの寺では開帳や供養が行われたのであろう。

真澄は晩年に「（故郷しきりになつかしく一とせの春、おもふどちうちもの語らひて、箭作の郷に花見し事あり、そをおもひ出てむかしぞ偲ばれる『菅江真澄全集一筆の山口』）と記しているが、浄瑠璃姫の忌日はちょうど花の季節であり、おそらく真澄が文人とともに矢作に出かけたのは、浄瑠璃六百回忌の頃」を指す」。

「このように天明三年春に出郷するまでの真澄の岡崎における足跡をたどってみると、真澄が当時城下を代表する文化人国分伯機の書斎市隠亭に出入りしその膨大な蔵書を利用したり、さまざまな文人たちと交際し文化的見聞を広めていた様子が伺える。真澄の著作の源泉は、名古屋での修学もあろうが、むしろ幼い頃から接した故郷岡崎でのさまざまな見聞や文化的背景がその大きな要因であったのではなかろうか」と。さて、真澄は先出の内山真竜の日記によって、岡崎伝馬町の住人であることが判明される。「これは真澄が自ら『三河国乙見の里人菅江真澄』と記されているのと照合する。しかし、現在のところ伝馬町のどのような家か、またその菩提寺などもわかっておらず、真澄の出自ははっきりしない。真澄の著作と行動を子細に検討してみると、真澄の本来の姿は修験であったようにもおもわれる」とある。

真澄は「在郷時に大和大峰山で修験者として印可を受けるための修行である秋の峰入りを行っている。真澄は表向き修験者としてではなく、風雅な遊歴文人として旅をつづけたが、時には験者としての面を表すこともあった」。

このような点から考えると真澄「明治初年まで伝馬町南裏に存在した真言宗当山派修験寺宝王院（現在の十王公園・西本願寺別院）にかかわる修験者の家の出とも憶測されるが、残念ながら宝王院は明治初年の神仏分離令の際に廃寺となり史料は残っていない」。しかし、「明治二〇年頃の記録によれば、かつての宝王院境内入口近くに当時六一歳の『白井つた』なる女性が居り、また同じ伝馬町の下之切には『白井喜八』なる人物も居住していた。彼らが江戸時代の伝馬町白井氏の子孫であるとの証拠はないが『白井つた』の年齢からみて以前からこの辺りに住んでいたことを予測させる（新行前掲論文）。真澄の故郷についてはこれまで多くの人々によって考証されてきたが、出生地などはいまだ確定するに至っていない」。

これまでの記述からして「真澄が幼年期より岡崎で過ごしていたことは確かであり、岡崎こそ真澄の故郷として最もふさわしいところであるといえよう」と岡崎市史は説明している。さらに「岡崎市史は、菅江真澄の年譜を作成し、市民に分かりやすく説明している。表の七―八二（菅江真澄の在郷

【現在の岡崎市伝馬町の通り】

時年譜）がそれである。

以上が菅江真澄に関する岡崎市史の全容であるが、同市史一一一七頁、第一行目では「この時代の常識から判断して真澄が岡崎の人であると理解して間違いないであろう」と記述してある。

表七—八二　（菅江真澄在郷時年譜）

元号西暦	事項
宝暦四年（一七五四）	三河の国岡崎に生まれと推定される。 十二歳の頃初めて和歌を詠み評判になる。（謝庵醒筆）。 十六歳の頃岡崎に宿泊した伊勢詣でのアイヌ人を見聞する。（「かたゐ袋」） その後医学の修業のため名古屋に出る。 年代が明確でないが少年時代から富士山をはじめとし近辺の霊山に登山。
安永三年（一七七四）	二〇の頃には信州塩尻・松も戸・姥捨山に行く。 岡崎の材木町三浦氏の「初老寿詞集」に「知之」の名で和歌を寄せる。
安永六年（一七七七）	名古屋の丹羽嘉言に漢学を学ぶ、安永九年頃まで丹羽嘉言のもとに出入し。「般室記」「おかの春雨」を記す。
安永七年（一七七八）	二月　遠江二俣の内山真竜を訪問、真竜日記に「岡崎伝馬町白井幾代治知之」とある。 八月　名古屋の国学者田中道麻呂から「国風俗」を借りて書写、

	「白井秀超」と記入名古屋に在り交友、とある。
安永九年（一七八〇）	四月　竜泉寺観音に参詣。 五月　丹羽嘉言らと伊吹山採薬旅行 八月　岡崎伝馬町国分家の市隠亭の観月の宴に出席、和歌を詠む。
天明元年（一七八一）	二月　大林寺において兵藤弄花軒の七回忌に和歌を献ずる。 三月　「浄瑠璃姫六百回忌追善詩歌連誹序」と題する引札を書く。 同年伝馬町の金沢藤左衛門休の婚姻を祝い寿歌を贈る。
天明二年（一七八二）	矢作川上流域下辺（豊田市）を訪ね「下枝紀行」を書く。 同年仲伊勢、京都、美濃地方を旅行。
天明三年（一七八三）	二月末　みちのくの旅に出立。

岡崎市史（『菅江真澄全集』『近世学芸一三』より）

第二節　豊橋市史

第一項　豊橋市史考

豊橋市史第二巻（昭和五〇年）で「菅江真澄と民俗学と題する論」がある。

「わが国民俗学の祖として、また近世後期の旅行家として有名な菅江真澄の生まれた所は三河国渥美郡吉田かまたはその付近であろうと推定されるが、正確のことは明らかでない」としている。さらに「秋田市寺内大小路の高野山《コヤマ》にある高さ約一㍍の墓碑の正面には『菅江真澄翁墓』と大書し、その周囲に次のような文字が一面に細書きしてある」と説明書き。

友たちあまたして石碑立る時によみてかきつけける

三河ノ渥美小国ゆ
雲はなれ　ここに来をりて
夕星の　かゆきかくゆき
年まねく　あそべるはしに
かしこきや　殿命の
仰言　いただき持て
石上古き名所　まきあるきかけるふみをら
鏡なす明徳館に　ことごとにささげをさめて

剣太刀名をもいさをも　万代にきこえあげつる
はしきやし　　　　　菅江のをぢがおくつき処　　　　　　　　鳥屋長秋

注解【墓碑は田にも見えるが墓碑案内板は「ゆ」であり、豊橋市史編纂委員会は「小国田」と記しているところから墓碑確認していなかったのではないかと思われる】。

碑の右側面には、文政十二巳丑七月十九日卒　年七十六七」とあって、その当時身近に居た人々においても、真澄の出生地はいうまでもなく、年令さえ七六才か七七才か正確には分からなかったのである。ただ、はじめ白井英二と言い、ついで秀超、また秀雄と改め、さらに菅江真澄と改めた。「真澄遊覧記」。

天明三年（一七八三）「三河を出てより四七年間一度も故郷に帰ることなく【寛政九年に長崎に出掛け「菅江真澄と下北半島」に内容を記述。オランダ人ボナパルトの講義を受けている。その途中一度帰宅していないか】。信濃を振り出しに東北各地から北海道までも遊歴、文政一二年七月久保田（秋田）藩領角館の客舎において世を去るまでに、日記・随筆・地誌の各部にわたる約一二〇部の、精細無比の著述を書き残したことのみが、彼の語られざる過去を示しているのである」と説明。

第二項　真澄と義方との関係について

真澄が自分の故郷について、はっきりと人に語らなかったことは記述から明らかである。おびただしい日記・随筆についても、全く記されていない。

「墓碑銘に見える三河ノ渥美小国田についても、渥美郡に小国田なる地名は全くないのである。ただ真澄が、岩手の胆振郡徳岡村に居た天明六年（一七八六）の日記『はしわの若葉』に、

（四月）二七日、よんべより雨いたく降りぬ。蓑笠着たる人こはづくり、やをらふみもて来るを見れば、此春平泉の毛越寺の衆徒皇都に登りけるに、あが父母の国吉田ノうまやなる殖《ママ》田義方のもとへ文通あつらへしかば、其の書の返事来るをくり返しまき返し見て、

うれしさに袖こそぬらせ事なしとむすびて送る露の玉づき

とある記事によって、吉田の植田義方と深い関係のあることが知られ、また寛政元年（一七八九）二月の序文のある随筆『かたゐ袋』に曲玉のことを説いて」と説明。

又、こと国にはさる貴きわざを聞ず、ただもてあそびたる。あが国殖田なにがしの云、寄石恋「あふことをとふ石神のつれなさにわがこころのみうごきぬるかな金葉集に見えたり。これとび神をいひたるならん」と。

「両者の関係を裏付けしている程度で、このほかには全く触れるところはなかった。ところがその後、真澄が吉田の植田義方から学問の手ほどきを受けた事実が明らかとなった。三河ノ国吉田の駅なる植田義方は、もと賀茂ノ真淵翁にまなびて、俗ノ名ハうゐ田や七三郎とて、おのれも一たびまなびのおやとせし人也。いといと命長き翁にて、此秋里籬嶋が作《カキ》し東海道名所図会にも義方のところどころに出たり」とある。

これは「文化二年（一八〇五）のころ、秋田の能代に住んでいた真澄が、丁度板行されて間もない『木曽路名所図会』を読んで、それに載っていた植田義方の〝寝覚の床〟の詩をみて、

この本の欄外に注記した言葉であった。かくて、真澄と義方との関係は、やや明らかとなったが、更に両者の関係は、意外に深いものであったことが証拠立てられた」との記述である。

第三項　植田家について

植田義方の後裔「今なお豊橋市に現存、弘化四年（一八四七）吉田札木町から高洲新田に移転してはいるが、安永八年（一七七九）の吉田の大火にも奇跡的に災害をまぬがれ、さらに昭和二〇年（一九四五）の豊橋大空襲に際しても、無事に戦火をのがれ得て、代々の古文書類は、そのまま保存されていることが判明したことである。すなわち、豊橋市小向町植田哲郎家がこれである」との説明が有。

第四項　真澄よりのおくり物について

同家に、真澄と義方との関係を端的に物語る資料が残されている。

＊　安永　七年（一七七八）　八月真澄の書写にかかる『国風俗』一冊は旅前である。

（1）天明　七年（一七八七）　一一月当時仙台地方を旅行中の真澄から送られた『奥州真野萱原の尾花』

（2）天明　八年（一七八八）　一一月当時北海道を旅行中の真澄から送られた『松前鶴之思ひ羽』

（3）寛政一〇年（一七九八）　この年陸奥津軽地方を旅行中の真澄から送られた日記『外

（4）寛政一一年（一七九九）九月当時、南部田名部地方を旅行中の真澄から送られた西浜奇勝』（一部）。
（5）享和　元年（一八〇一）六月当時、津軽深浦地方を旅行中の真澄から送られたオロシャの二五カペイカ銀貨一枚。

以上の六点であるが、真澄が故郷の吉田方を離れて、岡崎地方に赴いたと推定される一六才の頃は明和六年（一七六九）に当るので、この時から、真澄が義方宛てにオロシャの銀貨を送ってきた享和元年（一八〇一）迄には実に三二年の歳月を要しており、また東北への旅に出た天明三年（一七八三）から数えても、一八年の歳月が流れている。

こうした長い期間にわたって、異郷にありながら前述のごとく五回も珍しい品物を送って来たという事実は、単に旧師のためというには、余りにも異例であり、関係の深さが想像されるのである。と記されている。（注一）

〃注一〃近藤恒次「菅江真澄と植田義方」（『愛知大学総合郷土研究所紀要』第一六輯昭和四六年）

第五項　植田義方（藩の御用達商人）について

植田義方は「吉田本町の富商高洲嘉兵衛乗成の二男で、享保一九年（一七三四）一一月に生まれ、延年二年（一七四五）三月、一二才の時札木町植田喜右衛門明鏡の養嗣子となり、名を七三郎と言った」と説明有。

第六項　藩主・松平資訓と植田家の関係

①松平資訓「遠州浜松から吉田へ転封、享保一四年（一七二九）」したとき、植田家は「元来代々遠州浜松藩御用達をつとめる家柄であった。そこで、享保一四年（一七二九）二月、藩主松平資訓の吉田藩転封に際し、当時植田家第四代であった植田喜右衛門将良は、家を長男又兵衛薫教に譲って五代目を継がせ、自らは三男明鏡を伴い、藩主に従って吉田に移り、居を札木町に構えて吉田における植田家の初代を開いた。

そして引き続き藩の御用達をつとめるとともに、吉田領渥美郡内の高洲・土倉両新田の、総高千二百余石にもおよぶ広大な土地の元締めとして確固たる地歩を築き、義方が養子した時には、すでに初代喜右衛門将良（賀茂真淵の従兄弟）が没し、二代目喜右衛門明鏡の時代となっていたのであった。

②藩主・松平資訓が吉田から遠州浜松へ再び転封「寛永二年（一七四九）」したとき、寛永二年（一七四九）一〇月「藩主資訓は再び元の浜松藩に移封され、義方の養父喜右衛門もまた前回同様藩御用達として藩主に従って居を移した。従って、義方は、植田家を相続して三代目を継いだ。時に義方は一六才であった。義方には子供が無く、浜松植田家より養子勇蔵を迎えていたが、安永九年（一七八〇）一一月問屋役を退役した直後に家督を譲って隠居した。隠居とはいえ四七才であった。ここから、もっぱら風流に身を投じたものと思われる。しかし、義方

が風流の道に入ったのはきわめて早く、すでに一六才の時から一三家元金春惣右衛門国憲について能楽金春流太鼓を学んでおり、安永四年（一七七五）国憲没後も引き続き一四世金春惣右衛門国帷に学んで終生変わることはなかった。そのほか、国学・和歌・俳諧・漢詩文においても非凡の才能を示したことは、本書のそれぞれの項に記した通りである。

要するに、義方は天明・寛政期（一七八一〜一八〇四）における東三河雅壇の第一人者であった」との記述。

第七項　寺子屋師匠の本業について

「吉田藩士の子弟が藩校時習館において文武の教育を受けたのに対し、庶民の子弟は寺子屋で教育を受けた。寺子屋は一般庶民に初歩的な教育を施す機関であって、寺子屋の師匠には、特定の資格が必要としなかった。武士・僧侶・神官・町人・百姓など職業の何たるかを問わず、その土地相応に学歴があり、かつ書をよくする者が、任意に寺子屋を開いたのであるが、当地の実状は他所の地方と同様に僧侶がもっとも多く、寺子屋総数の五〇％にも及んでいる。これはただ単に僧侶には比較的学問のある者が多いというばかりでなく、広い堂宇を持ち、多くの人数を収容するに適当だったからであろう。

寺子屋は、いずれにせよ本業の傍に行なったもので、当地においては寺子屋をもって生計を立てた者はほとんどいなかった」説明有。

筆子の年齢（就学事情）は、ところによって多少の相違はあったが、大体七才、八才になると付近の寺子屋に入った。これを寺入り、または登山《とざん》」と称した。

第八項　義方の死去と真澄について

義方は文化三年（一八〇六）「三月一四日、七三才で没した。その頃真澄は北秋田郡の阿仁の山沢をわけめぐり、再び能代の港町に来ていた。

文化三とせの春、出羽の国野能代にありて鶴形山にのぼり、浦の梅、檜山のさくら、あるは笛の杜花、花見山の花、鹿の渡、さんだ、副河の神山の桜などをかりくらし、うしのくびとの桃さくら、阿部のうし月星のふるあとをさぐりえて、この冊子の名をぞかすむつきほしとつけたり。と、その著『かすむ月星』の序文に記している。

当時真澄の年齢は五三才、義方より丁度二〇才の年下であった。

その後の二三年を経た文政一二年（一八二九）七月一九日、真澄が羽後国仙北郡（秋田県角館（現仙北市）において没したことは、すでに記した通りである」と説明有り。（注二）

〝注二〟近藤恒次「加茂真淵と菅江真澄」（橋良文庫・昭和五〇年）

第三節　吉田方のあゆみ

第一項　豊橋市吉田方

豊橋市吉田方校区史編集委員会・吉田方校区総代会が編纂した「吉田方のあゆみ」に菅江真澄の記述がある。平成十八年の編纂は「吉田方校区内のあゆみ」教育や文化、歴史と産業など多岐にわたるものである。

第二項　学校教育・幼児教育：明治以前の教育「寺子屋と私塾の歴史」

明治になって、学制が発布される以前の教育機関としては、武士の子弟のための藩校・（吉田藩では時習館）が中心であったが、一般庶民の子弟のためには寺子屋や私塾が機能していた。当地区の寺子屋は、馬見塚の専求庵（現在の専願寺）、三ツ相の栄昌寺、吉川の香福寺、野田の法香院のものが知られる。私塾では、高洲新田の庄屋白井八兵衛のものがあったが、それらはいずれも僧侶をはじめ、地元では学識があるとされた師匠が、十数人程度の筆子（寺子）を集め、いわゆる「読み・書き・そろばん」を授けていたものであった。その中心は手習い（習字）で、その中で修身的な内容及び日常生活や生産活動に関する知識・技能の伝授もあわせて行われていた。

第三項　吉田方の人物誌：江戸時代の歴史

菅江真澄は、柳田国男の名著『菅江真澄』（昭和一七年刊行）から、わが国の民俗学の祖として広く人々に知られるようになった。しかし、その出自については吉田領内の出身者らしいという以外、長い間不明とされてきたが、近年多くの研究者たちによってようやく明らかにされるに至った。菅江真澄は宝暦四年（一七五四）に吉田領内、渥美郡高洲新田（現高洲町）の庄屋白井八兵衛の子（二男）として生まれた。本名は白井英二、他に知之、白超、秀雄なども名乗り、晩年は専ら菅江真澄を使った。彼は子供の頃から吉田札木町の豪商であり、吉田領内屈指の文化人でもあった植田義方に学問の指導を受け、その師弟関係は生涯にわたって続いた。

天明三年（一七八三）の春、三河を離れ、四六年四ケ月にもわたって信州、奥羽、蝦夷（北海道）の地を遊歴した。その長い旅、見聞や体験を日記や地誌・随筆・図絵集にまとめたが、それらは、当時の庶民の生活の様子を知ることの出来る資料として大変貴重なものとなった。その数は二〇〇冊以上におよび、その内秋田藩校明徳館に納められた『菅江真澄遊覧記』八九冊は重要文化財として広く知られている。

第四項　歴史と生活、吉田方の歴史

五〇〇年前迄の吉田方には渡しが有り、平安時代の中頃までは豊川河口に広がる入江の中であった。豊川によって運ばれてくる土砂が堆積して出来たのが中洲。この入江を挟んで東海道の重要な道路があり、旅人はこの入江を舟で渡って旅をした。

第五項　高須・土倉新田の開発

寛文五年（一六六五）高須久太夫、高須嘉兵衛、真弓佐平、高須十太夫、十倉五郎兵衛の五人によって開発された。その後、洪水などで疲弊し浜松から来た御用達の植田喜右衛門にお願いし総元締めが受け継がれた。

第六項　吉田方という地名の歴史

歴史上は、天正七年（一五七九）の「酒井忠次、新田開発免状」（参州古文書）である。「吉田方」の地名は野田・三ツ相・馬見塚を総称したものと思われる。寛永十五年（一六三八）、吉田方は馬見塚村、野田村、羽田村に分かれた。正保二年（一六四五）馬見塚村から三ツ相村、吉川村がさらに分かれ五ケ村となったが吉田方は地域の総称として残った。明治二二年になると東西の豊田村と青野村が合併して吉田方村が誕生する。その後の明治三九年に牟呂村と合併して牟呂吉田村となる。昭和七年に他の町村と一緒に豊橋市と合併した為、吉田の名が消えたが吉田方地域の総称となり現在に至っている。

第七項　灌漑用水「豊川の水を引く」の歴史

高須村土倉平家の記録によれば高須新田では、豊川を堰きとめ、田へ水を引き入れたと記されている。それは、小作人一同らは元締めの植田七郎の計らいで公儀へ願い出たとある。藩の許可が出ると吉田方は言うに及ばず牟呂・草間・前芝・梅藪・川崎等の農民が昼夜交代で三百人余りが動員された。工事中公儀から奉行・同心が毎日出張したと記録が残されている。《吉田方の大災害に関する出来事から》

第八項　安政の大地震の歴史

安政元年（一八五四）震源地は遠州灘東部でマグニチュード８．４　吉田方の被害状況が当時の吉川村大林寺弥平太記に記されている。

第九項　吉田方の台風・大雨の被害

豊川沿いと海岸沿いの村々が多い吉田方は昔から大きな風水害を蒙ることが多かった。

《水害》延宝　八年（一六八〇）八月六日：大雨と津波で高須・土倉に津波が流入し高須村堤防が破損・作物がほぼ全滅。

正徳　元年（一七一一）八月二三日：大雨と津波で高須へ津波流入堤防が破損

正徳　二年（一七一二）八月一八日：大雨と津波で高須へ津波流入堤防が破損

正徳　四年（一七一四）七月八日九：大雨と津波で高須へ津波流入、秋作全滅

享保　三年（一七一八）九月一二日：津波高須へ、高さ六尺

享保二〇年（一七三五）六月二二日：大川堤防決壊吉田一帯皆滅する。

宝暦　九年（一七五九）大雨と津波での大災害

寛政　四年（一七九二）大雨と津波での大災害
寛政　六年（一七九四）大雨と津波での大災害
文化　五年（一八〇八）大雨と津波での大災害
文化一二年（一八一五）海沿いの吉田方は台風・大雨に大きな被害を蒙った。
《火災》安永　八年（一七七九）吉田本町から出火強風に、一一ケ町四三七戸焼失。この大火
にあっても植田家は奇跡的に災害をまぬがれた。
弘化　四年（一八四七）植田家は札木町から高洲新田に移転小向町植田哲郎家である。
昭和二〇年（一九四五）の豊橋大空襲に際しても無事に戦火をのがれ得て、代々の古
文書類（小向町植田哲郎家）が残されている。

第四節　横田正吾氏の説

第一項　吉田以外にはあり得ない

横田正吾氏は〝あが父母の国吉田　菅江真澄〟の著書のなかで真澄について、次のように記している。「豊橋人として私は、真澄は豊橋の生まれだなどと断言しているのではない。ただ、事実の前に想像を入れて推理を組み立てているのである」と前置きして「出生地と出国の理由を考える時、別々に考えていては把握出切る筈がないと思い一貫して推理することにした」と述べている。

○『はしわの若葉』文中「あが父母の国吉田のうまやなる植田義方のもとへ、云々・・」と

○『えみしのさえき』の文中「この頃三河国宝飯郡牛窪村のすきやう者上の国の寺にそれがしるしの札のこしける喜八とかいうにてやあらむ、あかくにの名さへ聞さへゆかしきにまいて親ますかたのちかとなりの里なるをと書いているところから、その生家も近い距離にあったと考えなければならない」。とも、さらに「以上の諸点から真澄の生家も義方から受けた手習いの場所も吉田以外にはあり得ないと考える」と横田正吾氏は断言している。

第二項　植田家の所在

調査の結果として「植田家の二軒のところに植田家所領高須新田に白井姓の家が数戸あり、

またその中間点の北島町に植田家と同じ宗派の真宗高田派の中根家が七戸あることが判明、白井、中根両方とも江戸時代から続く家ばかり」と記す。

第三項　吉田藩問屋役

義方が吉田藩問屋役を拝命した一七七五（安永四）年から辞任した一七八〇（安永九）年の間は田沼政権の絶頂期でもあった。次に一七七七（安永六）年に「真澄は、遠江の内山真竜を訪問しに岡崎の者として合っている。このとき真澄二三歳、生国を秘しての旅に出る前段階で、それを指示したのが義方ではなかったかと推理。その後「一七八〇（安永九）年に義方は問屋役を辞任し、家督を五日後に養子の勇蔵に譲って隠居した」との記述有り。この一連の行動は藩の許可がなければ出来ないことと横田正吾氏は指摘。

第四項　真澄の路銀

急ぎもせず、乞食に施しをしたり、有料の宿泊も多く、路銀にも困らなかった様子がない。又、路銀を現地で調達していたとは到底かんがえられない。義方が伊勢から大麻札や伊勢暦を届けてこれを真澄が金に替えていた、横田正吾氏は指摘。さらに当時の木賃宿の泊まり料は、上が七十二文から百文、中で四十八文から七十文、下が三十二文から四十五文、わらじ一足十四文、人足六里程で七百文とかなりの路銀が必要で、これを補給したのが義方と勇蔵の二代にわたって行われた。と指摘。

また、天明の飢饉は一七八二（天明三）年から一七八五（天明六）年で、そのうち天明三年と天明六年が特に大凶作であり、東日本、それも東北地方の被害が最も大きかった。真澄はその大飢饉のさなかを住民が鍋・釜を持って逃げてくるのに、逆に震源地に向っての旅であった。従って、旅の目的は物見遊山とは思えず、命がけの旅であり、懐中にはよほどの路銀を用意していなくては出来るものではないと指摘。

第五項　人々の繋がり

「真澄と義方は師弟」の繋がりで「義方と藩主とは主従の関係」、「義方と賀茂真淵が親類」、賀茂真淵は「定信の父田安宗武の家臣」の関係、松平信明と松平定信は「老中での親交」の関係が有と、松平定信と佐竹義和と「親交の関係」有と、この「人脈は複数の繋がりがあり真澄は充分感じ取ったと思う」との意見。

第六項　真澄の生家

これらの事から岡崎市史の記述に真っ向から反対し菅江真澄の生家は吉田以外にはあり得ないと私は考えるとした。さらに真澄の探求には「鳥屋長秋・植田義方・社会情勢を注目す

【現在の豊川：渡津橋周辺から上流を撮影】

ることなく大勢がとらえられるものではない」と述べている。

第七項　菅江真澄全集について

菅江真澄全集別巻一には随分と誤りがあるとも指摘している。以上横田正吾氏は「あが父母の国吉田」の著書のなかで真澄の故郷は、当時の吉田藩領内以外には考えられないとの意見を持つ。

第五節　近藤恒次氏の説

近藤恒次氏は著書『加茂真淵と菅江真澄』で菅江真澄の生家について、三河植田家をめぐって、同書一四四頁から一五〇頁で次のように説明した。

その第二章七で「菅江真澄の生家について旧秋田藩士石川忠行の手記（伊豆園茶和）[1]等の資料を引用して、はなはだ有益な書物である」と述べ、その第二十巻に「鎌田正家の養子孫六から聞いた話としてきわめて興味深い記事」と載せている。

「真澄身まかりて後、長秋が甥なる山本善蔵というもの、伊勢に詣でし時、三河の渥美小国なる真澄がふる里を尋行しに、農家ながらゐよしある家と見へ、かさ門の溝へ也。此国とてもなかなかの土民かさ門建ること禁制なれば、郷士などといふものにや。十日二十日逗留せしとて、さのみ心うからぬほどのかとくと見ゆれば、孫六に官途の上京もあらば立寄りて然るべしと善蔵が申せしとぞ。善蔵彼の家に至り、真澄が身まかりしより、鎌田正宅、とやの長秋がことなど、ねもごろに語るに、一家みなその厚きこころざしをよろこばひて、何国いかなる処にていつ終りしやと、折からは噂して明かし暮らせしと云しとぞ。かゝれば打絶て真澄は音信もせずありしなるべし」と。

この記事については、つとに内田武志氏が採り上げて「『菅江真澄未刊文献集』（昭和二八年刊）十七頁、『菅江真澄遊覧記』Ⅰ（昭和四十年刊）六十三頁」に紹介しているが、これは柳田国男氏が「『菅江真澄』（昭和十七年刊）」の二七頁。

「秋田の人の今もいふことに、碑銘を書いた鳥屋長秋の子に山本真秋といふ人があって翁の没後旅逆の序を以って三河の故家を訪問した。農家ながら笠門のある相応な家で、家人出て遠来の客を迎え、翁の旧事を聴いて感動したと伝えて居ると説明した記述」。

それが「その原典であり、真澄の故郷を解明する上には欠くべからざる好資料と思われる」とある。しかし「この難解の壁ははなはだ厚く、多くの長年にわたる努力にもかかわらず、なお破ることはできないのである。よって、ここに、いささか私見を開陣したく思う」とした記述。又、前掲の文中もっとも問題となるのは「真澄の生家を訪問したというのにもかかわらず、その位置が明記されていないことであろう」と述べている。

忠行はこれに注目してか「『孫六は雲母《きら》といふ』と記しているが、これはおそらく真澄が晩年仙北郡六郷の竹村治郎左衛門に語ったという『三河国渥美郡雲母荘入文村白井某の二男菅江真澄、菅公の家臣白井太夫の末孫の由』（伊豆園茶和）とある。『雲母荘』によったものと思われると。渥美郡には雲母荘なる地はないが、現在の秋田市内寺内大小路の高野山に建てられている『菅江真澄翁』に刻まれた墓碑の冒頭、『三河ノ国渥美郡小国田雲はなれこゝに来をりて』とあるのに符号する」と説明している。

「鳥屋長秋は秋田藩校明徳館の和学取り立て方をつとめ、晩年の真澄と深い関係を持ち、真澄没して後、前述のごとく甥の山本善蔵(2)をその故郷に遣った人であるから、ある程度は真澄から聞き取っていたに違いなく。故郷碑文を記すに際し、生涯隠しつづけた真澄の志を継いだものと見て良いであろう」とした説を付け加えている。

この真澄の故郷渥美郡説は寛政元年六月北海道江差地方を旅していた真澄の同月二四日の記事によっても裏付けられる。(3)

「磯やかたの長とひて、この比三河の国宝飯郡牛窪村のすぎやう者、名は誰とやらん。としはよそまりの人のわたびうとのことならん。いづこいづことあとのみしたひ来りしかど、めぐりもあはでなど語るは、上ノ国の寺に、それかしるしの札のこしける、喜八とかいふにてやあらむ。あがくにの名さへ聞きへゆかしきに、まいてわが親ますかたのちかどなりの里なるをと、いよいよ恋しう、ふたたび袖はぬれたり」。また、かくばかりたもとに雨やふるさとの人はいづこをむれたどるらんと」

すなわち「宝飯郡牛窪村が『わかますかたのちかとなりの里』に当るというのである。渥美郡をさしていることはいうまでもない」と説明。

天明三年(一七八三)「二月の末、故郷をはなれて以来実に四十七年間、文政十二年(一八二九)七月七十六歳で秋田に没するまで、その間、一度もふるさとの土を踏むことのなかった真澄であったが、一日として故郷を思わぬ日はなかった。出郷したその年の七月、信州本洗馬に在った真澄は、『委寧能中路』に」は次のような一節があると記述。(4)

十三日、くれなんころほひ、めのわらは七日のゆふべにひとしうよそはひたち、『おは輪にござれ、丸輪にござれ、十五夜さんまのわのごとく』とうたひ、さゝらすりむれてありく。手ことにまつ持出て門火たく。はた、五尺斗の竹のうれに、たへまつもやしたるけぶり、むらむらとたちむすびあひて空くらし。やに入り、たままつりする。あか棚にむかへば、世になき母弟の俤も、しらぬ国までたちひたまふやと、すゞろになみだおちて、水かけ草をとりてながめたり。この夕ありとおもへばはゝ木やそのはらからの俤にたつ。とその文を載せてある。

それから「二年、天明五年(一七八五)九月二日には陸中湯瀬に在った。[5] 宿近きあら河の波音、こゝらなく虫のこゑごゑあと枕にひびき、老ならぬ身も寝覚かちに、さめてはいとどこし方のみおもひも捨てず、いねもつかれぬに、軒はの山ならん鹿のゆくなり、ないおとろかしたるに涙おちて

ふる郷をおもひ出湯の山ちかくわきて物うき棹鹿の声

こうした「真澄のふるさとを恋いしたう思いは募り、三日後の九月五日にも、[6] 山路はるばると分けて来て、金葛といふ村にやどかり、うすき衣をかたしきて、いもやすからぬに、あれたるひまより夜半の秋風寒く吹入てはだへをおかすに、いとどふしもつかれず。風なひきて、衣重ねきてよとあと枕のかたくへなとし給ひし、父母のふかき情をいまはたおもい出て、たゞなみだかちに夢もむすばず。

あなさむし衣縫ぬふ人もがなくずのかつらや糸によらなん

と、父母の深い愛情をいまさらのごとく思い出して、涙するのであった。寛政五年(一七九三)九月、四十才になっていた真澄は、下北半島大沢のあたりをさすらっていたが、[7] 二十二日、風いやふきにふけば、こよひばかりはとてとどめられて、いねたる夜半に、まかぢとる音にや

と聞けば鶴の行くにこそ。

よるのつるなれもわすれず子を思ふ親ます国のいとど恋しき

此ながめにひとりなみだおちて、やゝいねつくやと思へば、ふるさとにかへると見ておどろきてさめたり。と、故郷恋しさのあまり、夢にまで見たことを記している」と、記述している。

そして、その年十一月、同じ下北半島の砂子又での一夜[8]

女をきなわれにとふ、おやたちはいまだありや、おやあらばはやその国にいきね。われも子あまたもたり、近き山に入りて杣山のわざして世を渡るを、寒き日はいかがなど朝夕見まほしうおもへば、そこの親もさぞや待ちんなどいふに、いらへんすべなう。

父母はなきかとぞよふ世にまさば遠くあそばぬをしへおもへど

老女からねんごろに勧められたのであると述べている。

このような「望郷の思いを述べた箇所は、この外に少なからず認められるが、そした中にも、天明六年（一七八六）に、ただ一回[9]、恐らく自分の気持ちを押えに押えた結果であろうが、故郷との文通を行っているのである」。と、二十八日、毛越寺の衆徒某二人、日吉ノ山に登り戒檀ふみにとて旅立ければ、此の法師たちに故郷に書《フミ》たのむとて

ふる里を夢にしのぶすり衣おもひみだれて見ぬ夜半ぞなき

と、そのふみにかき入れたり。

すなわち、正月二十八日比叡山に旅立つ毛越寺の衆徒に、故郷三河への手をあつらえたのである。そしてその返事は、三ケ月を経過た四月二十七日、よんべより雨いたくふりぬ。蓑笠看

たる人こそはづり、やをらふみもて来るを見れば、此の春平泉の毛越寺の衆徒皇都に登りけるに、あが父母の国吉田ノうまやなる植田義方のもとへ文通《フミ》あつらへしかば、其書《フミ》の返事来るをくり返しまき返し見て

うれしさに袖こそぬらせ事なしとむすびて送る露の玉つき

待ちに待った故郷よりの返事、天明三年に家を出て以来満五年振りのことである。その嬉しさなつかしさは如何ばかりか、胸中察するに余りある。しかし、ここに問題と成るのは、真澄が故郷へ出した手紙の返事が、三河吉田の植田義方から届いたことである。あれほどまでに恋い慕っていた故郷とは、実は彼の家族の住む生家では無くして、植田家であったとはどういうわけか。さらにまた、前述（一一九頁参照）の義方に宛てた『旅先よりのおくり物』が、二十年間にわたって五回も続けられたという事実は、単に幼き頃の師に対する報恩のためのみとも思えぬことを併せて考えると、改めて両者の関係の深さをまざまざと見せつけられる思いがする」と書きながら思いをめぐらしている。

「此処において思い当ることは、本章の冒頭に掲げた『伊豆園茶話』中の一節、山本善蔵の訪ねて行った真澄の生家が、農家ながら笠門のある相当な構えの家で、十日や二十日逗留しても困ることはなさそうだと言った点である。植田家は東海道吉田宿札木町にあったが、別宅は高洲新田にあり、その所有する宏大な土地からの収納米を処理する場所として、まさに、植田家の別荘として建てられたもので、かって賀茂真淵の訪れた家であり(10)、しかも札木町から一里たらずの至近距離にある。伊勢・上方への交通至便の地であって、手紙を托されて立ち寄る

にしても、いささかの不思議もない場所である。（七六の地図参照）かく考えて来れば、山本善蔵が訪れたという真澄の生家とは、実は植田義方の別宅のことではなかったか」と。それゆえにあえてその位置を明記しなかったものと推定。

〝注〟

（1）菅江真澄遊覧記Ⅰ（昭和四十年刊）六十一頁
（2）平田銕胤主授業門人姓名録の弘化二年（一八四五）二月二十五日の項に（秋田久保田山本善蔵平信紀）。
（3）ゑみしのさえき（菅江真澄全集）第五所収四二二頁
（4）菅江真澄集第四（昭和七年刊）三六八頁
（5）同　第二（昭和五年刊）十六頁
（6）同　第二　十九頁
（7）同　第六（昭和八年刊）四十四頁
（8）同　第六　七十四頁
（9）同　第五（昭和七年刊）八十五頁、此処に一回だけ通したと述べているが、故郷への手紙は他にもある。
（10）本書七七頁、二真淵と植田家を参照

以上が近藤恒次氏が真澄の生家について記述したものである。さらに岡崎について「近藤恒次氏は「菅江真澄の生家について著書『加茂真淵と菅江真澄』、三河植田家をめぐって、一五〇

から一五六頁」で述べている。

○　真澄と岡崎から

「少年時代を三河吉田あたりに過ごした真澄が、ほどなく居を岡崎に移したらしいことは、彼の書き残した諸書によって知らされる。それが何時頃であったかは明らかでなく、次の記事によってわずかに想像できる程度である」と。

なゝえといふ処のあひの、二十年あまりさきにやあるらん、かみひげそりて、しやもにまじりて一とせあかくに岡崎のうまやに来りて、六供坊の何かしといふ寺に一夜とまりたり。ことばなども、さらにあひのとはおもはざりき。此ことおもひ出て手を折れば、其のころほひにあたりぬ

これは『かたゐ袋』の一節であるが「そのアイヌを見たのは、この書の成った寛政元年（一七八九）から数えて二十年ほど前（おおよそ一七六九ころ）になると説明している。真澄十六歳位に当り、この頃すでに岡崎に居たことになる」と。[1]いま一例を挙げるとして「これは既に述べたところであるが、昭和五年柳田国男氏等によって、原本通りに復刻された真澄自筆『いほの春秋』（三元社刊）所収『ふでのまゝ』の中に来る天明二年（一七八二）春、三河の荒神山冷泉寺で催される浄瑠璃姫六百回忌追善の詩歌連俳を募集する趣旨を記した浄瑠璃姫六百回忌追善詩歌連誹序があり、その末尾に（安永十年丑三月十二日源秀雄）とある。冷泉寺は現在の岡崎市吹矢町成就院のことであり、源秀雄はすでに記したように秀超が真澄のことである以上、

ここにもまた同人と見るべきである。よって、真澄は旅に出る前に、岡崎に居たということの証拠と見て良いであろう。さらに真澄の紀行『雑賀良能多奇』の（文化四年）の条にも、和光院の験者あり、庭中に三尺《ミサカ》に二尺《フタサカ》ばかり重さ三拾貫零の石あり」と記述。「これを敲《タタ》けば金鼓《コンク》の声をなせり、あが栖める国三河の額田の郡乙見の荘、岡崎の旭山の前にかな石といふあり、その音に同じ。と見えているのである。以上、真澄の岡崎居住説の根拠について述べ」、なお「岡崎に移ったのは如何なる理由によるか、岡崎の何処に居住したのかなどの点については全く分かっていないのである」と。しかし「真澄と義方との強い結びつきから考えて岡崎の移転についても何らかの関係があったものと想像する。植田家に伝わる過去帳に岡崎に関係する人はわずか四名を数えるのみである。国分右兵衛衡と妻その子国分次郎兵衛徴と妻夫婦の国分一家のみである。国分次郎兵衛徴から義方に送られた七言絶句が残されている。（省略：同書頁一五二と一五三に掲載されている）。ここに真澄の岡崎居住説の唯一の手掛かりとして、国分右兵衛・同次郎兵衛親子について、いささか調査したところを記す」と記す。国分家の位置は、時代はやや下るが、岡崎伝馬町の家並を記した文政九年（一八二六）正月改めの伝馬町家順間口書[2]なる絵図によれば、伝馬町北側の、丁度中央部に当る随念寺小路の角に間口九間、国分次郎兵衛と記されている。西隣りに間口二軒半の柏家がある。国分家は岡崎切っての富豪であり塩の売買を業とした。元来岡崎における塩の売買は伝馬・田町両町の塩屋に限って専売を許された。古い由緒のある家であった」と説明。それについて、次のごとき文書があると。[3]（以下省略）『享和元年酉三月書上』によれば、伝馬町塩屋三軒、田町塩問屋一軒、同上中買六軒とあり、国分家はこの伝馬町塩屋三軒中の一軒だったのである。（一五四頁省略）かくして植田義方と深い交際のある国分家は岡崎伝馬町に居を構える旧家であり、知識人でもあることが明らかになった。（省略）国分家最後の当主を治郎氏といい、昭和二十九年八月十四日五十四歳で病没、系累がないため同家は絶えたが、文書類は治郎氏の従姉妹にあたる岡崎市伊賀町杉山伝七氏夫人ひさ女の許に保管されていることが判明、その中から『般室記』および『石居記』『をかの春雨』と題する短い文章を記した真澄（超）自筆の懐紙類が発見されたかである」と追加。

〝注〟

（1）弘前大学教授井上豊氏は、その著『賀茂真淵の業績と門流』（昭和四十一年刊）所収の第七章菅江真澄の教養と学風、三十七頁に、昭和七年真淵の世を去った翌年、事情があって真澄の一家、同じ三河国の額田郡乙見に移ったらしい。真澄は時に十七歳であった。と記しているが、はなはだ疑問である。

（2）『岡崎市史』第三巻（昭和二年刊）一二二頁

（3）同書（『岡崎市史』）一七一頁

○　岡崎の真澄研究から

「真澄研究、特に真澄と故郷との関係を明らかにするための、唯一の扉が開かれたにもかかわらず、如上の結果に終わった。これまでの疑問の幾分か解明することは出来たが、それは到底根本的な解決とはならず真澄の故郷は、今なお霞のベールに包まれたままである。」と述べている。これは菅江真澄が自分の出生の地を意図的に明らかにしなかったと思われ、後世の人が解明する難しさを示している。それだけ難解中の難解で、なかなか明らかに出来ないであろうと思われている。また、近年の個人情報保護法と親族の関係から検討を加えなければならないものと思われ慎重さが必要である。

第六節　中津文彦氏の説

中津文彦氏は、菅江真澄について密偵の視点から取り組み詳細な調査と推考に推考を重ねて小説にまとめられた。先ず「江戸幕府の人脈関係を取り上げ、田沼意次に対抗する松平定信とその右腕として活躍した松平信明を挙げている。田沼意次の政治は「幕府の蝦夷地関心」であり、是に対抗し「密偵の蝦夷派遣」を計画した陰に松平信明が見えている。また「義方が蝦夷へ派遣する人物として菅江真澄を選び、義方は信明に真澄を御師の倅として推薦」したとある。それが「誰からも疑惑や不審を抱かれない人物として説明」し、旅する者の第一に守るべきことを知っている人物として明記。さらに蝦夷地へは、あくまで己の意思で向う心構えが出来ている人物と紹介した。やがて出羽に着いた真澄は久保田藩の御用商人で有数の豪商であった吉川五明を訪ねている。吉川五明は御用商人ながら俳諧を好み、商いの方は息子に譲り、小夜庵と名付けられた別宅に住んで俳諧三昧を送っていた文化人」であると説明。吉田藩の御用商人で文化人であった植田義方も別宅を高洲に、岡崎の豪商で文化人であった国分家は市陰亭を、三者は御用商人として顔と文化人としての優雅で別な一面の顔をもつ共通点があった。真澄は天明三年から六年にかけて奥州一帯を旅して天明に飢饉の惨状と餓死者をいやと云うほど見ていた。吉川五明宅で客人が話す「佐竹義敦の死、手形や添え状なしに蝦夷に渡った者が見つかると打ち首になる話（陸中大原村の芳賀慶明の手紙でその村の若者が密航した話し）と地方の大凶作の惨状」を耳にして心が痛みながら蝦夷の厳しさをまざまざと聞かされ驚いたとある。その後の道中、心労で倒れ十日余り民家にやっかいになっているとも。大原村の「芳賀慶明は俳諧を通して吉川五明の知人」であると。

このように当時の文人たちは藩を越えての繋がりがあったと思わせる。さらに真澄は吉川五明から公儀の隠密の眼を気にしながら門弟で船主・松前港を往来する土崎港の沢太夫と云う人物を紹介されていると。沢太夫（御師が使う名に多いが）なる者は沢田屋利八（松前の廻船問屋で吉田一元）といい、その者への添え状を受けている。

沢田屋利八なる者は「松前藩の御用（御典医）も務めている方である」との説明も受けていた。真澄はその夜、商人宿に泊って仙台の木綿問屋の主人と相部屋で蝦夷の様子を話しあっている。翌日の旅で、伊達領大原村が近くなってから真澄は「旅先を平泉の鈴木常雄に変えて訪ねて草鞋を脱いだ。そこで大原村の芳賀慶明に会う為に鈴木常雄なる者に紹介状を」かいて貰ったのである。芳賀慶明は「村の庄屋で歌や俳諧を好み各地の仲間と交流を深めていた」と。また、芳賀慶明は「久保田の吉川五明とも手紙を交わす間柄」でもあるとも。ここで真澄は塩竈神社の藤塚氏の知人で仙台に住む林子平が蝦夷に詳しい話しを得ている。大原村から鈴木常雄宅に戻ってきた真澄に「御師の北田三郎と名乗る者が訪れ義方からの使いの包みを手渡されている」とある。

こうした事柄をもとに整理し蝦夷行の人脈から中津文彦氏は、菅江真澄の故郷を推理したものと想像される。

第七節　井上隆明氏の説

井上隆明氏の論文に「菅江真澄の背中」がある。「菅江真澄（一七五四〜一八二九）は、江戸時代後期の紀行家で、三河国から北陸、東北、北海道と各地をめぐり歩いたと記述。

「もっとも長く滞在したのは秋田で七六歳の仙北市で亡くなる迄二九年間過ごした。真澄は行く先々で見聞きした風景・民俗・物産・歴史・伝説など様々な事柄を記録し、残された図絵はおおよそ二、五〇〇枚にもなる」と取り上げる。「男鹿のなまはげを最初に記録にとどめた人でもあり、その記録をもとにして現在のなまはげは国の重要無形民族文化財に指定されている」と。「江戸の半ば天明期（一七八件一から一七八九）は花の〈天明ぶり〉とよばれる、浮世の陰に憂世ありが世の常、国際緊張しきりなのも江戸中期だ」とも。

さらに「アメリカ、ロシアが日本の金・銀や木材・海の産物に興味を示していたころ、八代将軍吉宗の享保改革の中で科学知識啓蒙―産物と採薬の立ち上げがあった」と説明され「輸入品の薬草を国産化するのが吉宗の成案だったとしている。まず、取り立てたのは、伊勢の本草学の丹羽正伯、野呂元丈、植村正勝の三人組」ある。それに「植村の師で清国留学という三人で、蝦夷地（北海道）三度踏査の阿部輝任《てるとう》も任用、諸国採薬を命じた」とも。丹羽正伯が男鹿を訪れるのが「享保六年（一七二一）七月、秋田県公文書館東山文庫『国産弁』はそのレポートか。植村にいたっては国々調査十六回におよぶ」と記述。

尾張本草学は浅井図南（師・松岡恕庵と丹羽正伯は稲生若水の同門）が創始、丹羽嘉言や真澄を生む。「真澄青年期に、名古屋薬園の近く駿河町住のことは前に明らかにした。（菅江真澄の住居資料）（出羽路五一号・昭和四八年八月）。松岡門には小野蘭山がおり、そこに学ぶ浪華の蝦夷通で怪物の坪井屋（後出）がいた」とも述べ、こうした「採薬熱のもと阿部・丹羽の奥州北海採訪の先例により、真澄の大旅行がなされた」と説明。

また、「北辺志向ブーム、真澄が尾張薬草園で修業し、あこがれの北空を仰ぐとき、世は田沼意次老中期になる（田沼といえば収賄とかで悪人扱いだったが、松平定信のキャンペーンによるもので、重商主義、脱赤字策など、近年高い評価に変わる）。才知の田沼は、吉宗同様列島改造に着手した。「諸国の若者を捉えたのが人材登用だった。封建下にあえぐ志ある者は、大阪へ江戸へと走った。エレキで知られる四国の奇才平賀源内も、そうしたひとりである」と指摘。

「松前藩の抜け荷、密貿易が着目されていたころ。そのおりもおり、三つの厄難が江戸を襲っていた。大出水、浅間大噴火、大飢饉で、田沼は「回生策として松前の抜け荷を国策に切り替えたかった」とも説明。

井上氏の説として「天明三年（一七八三）江戸の劇作平秩東作《へづつ》を、内密に江差に送って越冬させ北海道内情を調べさせる。報告をえて二隻の幕府勘定方探索船が伊勢大湊で造らせ、五年品川から函館に出航した」。「対岸貿易のほか、蝦夷地砂金、薬草、アイヌ俵物をも視野にある。北の魅力が増していく。京の書肆《しょし》菱屋新兵衛、伊勢屋山田秦憶丸《はたあおきまろ》、大阪堀江の博物収集家坪井屋吉右衛門らの手控えをよめば、いかなる人物がいかほどの産物に魅惑されたか知れるだろう。

平賀源内や菅江真澄が象潟や八森の港を訪れるのは、北洋出稼ぎ者情報の詰まっている地ゆえとしてよい。そうした背景あって、真澄は北へ旅立つ」と目的を挙げている。「松前渡り、奇異な旅が見られた。天明二年（一七八二）五月、なぜか真澄は北でなしに木曽に出て、京（坪井屋収集館のある大阪に寄るか）に向かい、三年正月伊勢詣で後伊那に戻り信州へ・四年越後、庄内を北上、象潟に入るのが九月」である。

「どうして上方、伊勢なのか。かさねて妙なのは名古屋在が原籍の平秩東作《へづつ》もまた、真澄とひとしく二年五月木曽、京を通り、伊勢山田の御師《おし》宅で越年。そして大和、大阪に出ることだ。ついで八月幕府の命で蝦夷地をめざし江戸を出る」とある。

「両人ともにおなじ時に木曽、上方から伊勢入りするのは偶然だろうか。当時の尾張に思いいたせば、熱く渦巻くルツボの中で、真澄は息をひそめ日々を送っていた」とあるが何をさしているのか定かでない。しかし平秩東作《へづつ》もまた同じ目的とも伺わせる。「将軍職をめぐり紀伊家と尾張家、そして老中争いでは三卿の一橋家が田沼派、田安家が反田沼派と対立がめだってきた」頃である。真澄は秋田入りした翌五年八月「あたりの気配を測りながら、青森から松前への渡海をはかる。天の声、うら《ママ》ひすれば、三とせをまつべし（外が浜風）と占いあしく出港断念。呪《マジナイ》いにかこつけるあたり」真澄流独特の筆の使い方と思われる」と。「田安家の逸才松平定信が田沼老中により、奥州白河藩主に追われるのが三年十月。逆襲に出る定信は田沼追放のため幕閣の座をねらう」とある。「松前藩は蝦夷地探検船建造と政変を早々に察知し、入島戒厳令で海域を固める。渡島者には確かな後ろ盾と案内人なくば、かなわぬ掟が立ちはだかった。そうした背景あって、真澄は逆戻りし右往左往の旅をかさねる」と説明がなさている。ふたたび奥州巡遊で真澄は次の機会を待つ。

えたいの知れぬ「行《いき》つるる友《連》（外か浜つたひ）と、ようよう機をえて松前に渡れるのは、三年後の八年七月だった。前々年天明六年八月すでに田沼は失脚、翌年七年六月定信が老中首座につき、寛政の改革の前触れになる。」と説明している。このように井上隆明氏は菅江真澄の出自について何らの記述はなされていないが、時の政変と菅江真澄の行動が何らかの関係があるやに、思わせる記述になっている。此の事こそ、時の政変の中心に居た松平信明（吉田藩主）と松平定信（白河藩）対老中田沼意次の関係からくる出来ごとで、渦中に菅江真澄が居たことを思わせる記事となっている。

つまり、江戸幕府の政治が地方の藩主と領民を巻き込んだ事件であることだ。それは、老中松平定信（白河藩）とこれに意を共にする松平信明（吉田藩）対田沼意次の構図が浮かび上がってくる。そこには、藩主松平信明と藩の御用商人である植田義方の関係、植田義方と菅江真澄の子弟関係が見える。このように井上隆明氏の説は、時代の流れとこの流れのなかに居る者達について暗に述べたと推測される。

第八節　続々菅江真澄のふるさとの著

菅江真澄のふるさと探しは長年多くの方々が研鑽して来られたことである。この「続々菅江真澄のふるさと」の著書もそうである。執筆は九名の方々で、編集は仲彰一、発行は伊那繁一、印刷は地元共栄印刷所である。初版、第二版と重なり、第三回目を迎えそのタイトルは「続々菅江真澄のふるさと」となっている。執筆された方々は巻末に掲載順番通り敬称略で掲載させて頂く。秋元松代（劇作家）、浅井敏（教諭）、石田沖秋（秋田県庁職員）、伊那繁弌（岡崎地方史研究会幹事）、稲垣広一（岡崎市史文化保護審査委員）、白井永二（鶴岡八幡宮々司）、新行和子（岡崎地方史編纂特別委員）、仲彰一（岡崎文化協会理事）、横田正吾（菅江真澄研究家）の方々である。

イ）伊那繁弌は、二見の道と真澄の旅の項で、三河時代の菅江真澄年表を作成して次のように説明している。

西暦	年号	年令	国名	内容
一七六七	明和四年	一四	信濃	〔わがこゝろ〕八月十五日われ、あげまきの昔、この庵に二度こもりて月見しところなれば・・・・・。
			甲斐	〔筆のまにまに〕おのれいまだ童なるころ、やさのまかたまてふもの多く掘り出し処あるよしを
			駿河	聞て、富士見に行しとき皈さは甲斐が峰見むとて其国にいたり・・・・。
			遠江	遠江の国あらぬより八町入りて中ノ合村あり、そこに飛神社、此社に勾玉を飛神と斉奉る也。おのれ童の時、秋葉詣のついでにまゐりたり。
			尾張	おのれ童のむかし、尾張国に在りて・・・・
一七六九	明和六年	一六	岡崎	岡崎の六供の某寺に伊勢詣りのアイヌが宿泊したと〔かたゐ袋〕に書いてあるが〔かたゐ袋〕が寛政元年春の作であることも疑問に思ふ。
一七七三	安永二年	二〇	信濃	〔伊那の中略〕六月二十五日、松本の郷のくすし沢辺何貸しは、十とせのむかし、その里の小松有隣吉員など、月のむしろにかたらひし人なれば・・・・。

一七七四	安永三年	二一	岡崎	正月六日、七日、八日、この三日間昼どきに岡崎六供で蝦蟇千疋集まり、一度に声を立てゝ、東西に別れて咬む合の闘争、きずを受けるもの或るいは、殺されるもの、半時ばかりの戦争、その後は逃れて行方知れずと龍拈寺留記にあり。真澄が岡崎に居れば知っていた筈。
一七七六	安永五年	二三	大和	〔筆の山口〕に「一とせ大峰山上まゐりの人とらにいさなはれて、芳野の歌嶽にのほりしとき・・・・」、このいさなはれては、三河の牛久保の喜八のことと思われる。松平君山、八十八才の賀に寄せた歌に知之（真澄）の名がある。
一七七七	安永六年	二四	遠江 尾張	内山真竜の日記に白井幾代二知之者、真澄訪問が書かれている。 丹羽嘉言に読書、作文の指導を頼んだと「謝菴醒筆」にある。
一七七八	安永七年	二五	豊橋 岡崎	「国風俗」の写本を植田義方に贈ったのは果たして真澄だろうか。 「般室記」を書く、十月十五日（仲さん発見）
一七七九	安永八年	二六	岡崎	「石居記」「をかの春雨」（岡崎の仲彰一さんが発見する） 「市隠亭記」は岡崎の新行和子さんが発見する。

一七八〇	安永九年	二七	美濃	「胆吹遊草」に五月五日、丹羽嘉言、他と採薬を目的に伊吹山に登る。
一七八一	安永十年	二八	岡崎	二月二十三日、岡崎大林寺で兵頭某の七回忌に歌を捧げる。（兵頭某は岡崎籠田町の兵頭老茶舗） 三月十二日（天明元年）浄瑠璃姫六百回忌追善詩歌連誹序を書く。

注：「あげまきの項」真澄の〔凡国異器〕を写し取った大槻清儀（十四才）のことを「家のあげまきなる清儀」と真澄が記しているので童を十四才としたとある。

ロ）菅江真澄の本名は白井英二
伊那繁弌は「同書の中で真澄の本名は白井英二であると記述してある。その理由として、旅先から植田義方に宛てた便り、四回とも白井英二であると。

久保田の俳人吉川五郎を訪れた五郎住所録にも尾張駿河町の白井英二医也と記述。

又、西津軽郡の深浦の竹越貞易家で発見された社参次第、神拝進退伝の神式次第の末に白井英二と記入されている。などの理由をあげている。

さらに、伊那繁弌は「真澄一家が岡崎に移住して居た仮説を立て〔かたゐ袋〕が書かれた時期を研究されて安永三年以後でないかと推論」している。

八）新行和子氏「菅江真澄と岡崎」

～はじめにの項で～

秋田の能代市で「三河国吉田の駅なる植田義方はもと賀茂真淵翁に学びで、俗名は植田や七三郎とて、おのれも一たびまびなのおやとせし人なり」と真澄が書き入れた（木曽名所図絵）が発見された。また、故郷の川、菅生川にちなみ（菅江真澄）と改名している。江戸時代、菅生川は文人達の間で中国風に（菅江）（菅川）と呼ばれていたと説明している。

～故郷岡崎～

真澄が岡崎の人だということを裏付ける資料が以外に多いとして「真澄は十代の末頃と思われるが名古屋に遊学して、本草・医学を学んだ」と。また、名古屋の八事山般若台に閑居する南画家の丹羽嘉言は、安永六年に「三河岡崎の白井知之なるものが、漢文を学びに来たが、この者は生まれながらにして和歌の才能があるものなので、よろこんでこれに応じた」とその記録が「謝菴醒筆」にあると記述あり。

また、同じ年の「安永六年に遠江二俣の学者内山真龍を訪ねている」との記述。

～真澄をめぐる人々（一）

「安永九年には、丹羽嘉言、神村忠貞、外村諒久と真澄の四人が伊吹山に採薬紀行をおとなっている」と記述。

岡崎市隠亭にもふれ「市隠亭は伝馬町の塩問屋国分家の主で国分伯機（一七一三〜一七八五）の書斎」であると。国分伯機は「当時岡崎の代表的文人であった」と記述有り。

〜真澄をめぐる人々（二）

植田義方（一七三四〜一八〇六）は「吉田宿本町高洲嘉兵衛の二男で茂六といい、延亨二年、同宿札木町の植田家の養子となり七三郎」と改めた。植田家は「賀茂真淵と親戚であり、寛延元年に父にともなわれて行った「江戸で義方は真淵と会見」している。以来和歌和文に通じ、義方は俳諧、漢詩をも能くした人で、吉田宿の代表的文化人であった。

名字は子植、一蓬舎古帆と号した。植田家の「過去帳には、岡崎の国分伯機夫妻、九一夫妻が加えられており、この両家は親戚であった」と記述している。

また「義方は安政九年に隠居して栄作と改名」していると。「(岡崎の隠居様）は伯機のことであろう」と推理し、九一の妻は「義方の妹にあたる人」であろうと推理。さらに「義方の実の兄弟は、男五人、女五人であったというとも。このような「富商の縁組は複雑で親戚どうしの婚姻を重ねていることが多いのである」とも。

ニ）石田沖秋は「菅江真澄の旅と俳諧」

～俳人植田義方と真澄～

義方は町人ながら諸学にたけた「三河地方における著名な文人化」であり、「一蓬舎古帆と称し（蕉翁発句故事考）まで記す歴とした俳人」であったと説明。しかも、「京の五升庵釈蝶夢及び柏原瓦全（五升庵二世）とは、旧知」であり、義方歿後に編まれた追善集（夢硒穂）に両者が名を連ねるほどの間柄であった。然れば、「五明と夢硒・瓦全は中興俳諧運における盟友」であり「夢硒・瓦全が義方が旧友」であるならば、こゝに「五明と夢硒・瓦全」と「義方・真澄」という「俳諧の系譜が自ずから現出」する。実子に恵まれなかった義方が「利発な真澄を愛しみ膝下におき、漢学、国学、儒学、詩歌」を教え、その長ずるに及び、「親族であった岡崎伝馬町の塩問屋国分家に寄宿」させ、後の「名古屋留学への便宜をはかった」という推察は、ほゞ間違いないことであろうと記述してある。

ホ）横田正吾は「菅江真澄の出生地」で

菅江真澄を語るのに欠かせないのが「植田義方である。その植田義方について大正十二年三月発行の『渥美郡史』に江戸時代の産業の項に高洲新田及び土倉新田、牟呂吉田村高洲、土倉の二新田は寛文五年吉田藩主小笠原長短矩の許しを受けて、吉田の西方海水侵入の荒地を新田としたものである。開発者は吉田本町高須九太夫、同上伝馬真弓佐平、豊川高須十太夫、吉田本町高須嘉兵衛、吉田住（摂州池田の出）土倉五郎兵衛、の五人である」とし、享保十四年吉田城主松平信祝と松平資訓の代替わりの時に、用達植田喜右衛門へ元締めを命ぜられた」と。

（当時の開発記事省略）。また「白井家の過去帳を調べてみると、同家四百年の過去帳の中で善男の法名もこゝにて一体が見られ、又、その行最門高善男は後になって書き入れられた形跡」があると説明。九月十五日と云うのは「月遅れのお盆」であり、これに「真澄を当ててみると五十五才」。実母「千枝の枝が法名」にも見え、真澄出国の二年前に他界しており、「継母もあるのだから、二人の母と云うことになる」と過去帳（過去帳の法名省略）を例に詳しく説明している。

横田正吾の説は同書一一三頁から一二〇頁。

へ）秋元松代は「菅江真澄と岡崎」で

『月の松島』一遍から次のように述べている。この『月の松島』は「真澄が三十三才のとき、天明六年（一七八六）七月から九月の頃、陸前高田から気仙沼、唐桑半島の各地を巡遊して、仙台、松島などに至った旅日記である」と説明し、福浦島へ渡った。その島のある庵を訪ねた時、壁に掲げられた詩を見たことが日記に書かれている。その詩は荻生徂徠（一六六六―一七二八）の作であった。真澄はその詩を日記に書き写したあとに続けて、この詩人の父なる人は、あが国、荻生邑より出たる人など、おもひつづくれば、ふるさとしきりにしのばれて、かかる島のながめもなににかせんとおもふ。とかいている。徂徠の父、荻生方庵は三河ノ国東加茂郡松平村、大給（おぎふ）の出身であり、後に徳川綱吉の侍医になった人である。松平村大給は岡崎に隣接した処であり、真澄にとっては、ふるさとしきりにしのばれる土地であった」と記述し、真澄が岡崎出身であるかのように思わせる文章となっている。

〝注〟三河国は、元々は東海道に位置する地方行政区であった。現在の愛知県の東部にあたる。三の大字を用いて参河国とも、三州または参州と呼ぶこともある。延喜式での格は上国、近国。大宝律令以前は三川と表記、律令制～平城京までは参河と表記。長岡京以後は、三河と表記している。真澄があが国と現したときは出の国、全体を表現しているのではないかと思えてならない。荻生方庵は三河ノ国東加茂郡松平村大給であるから真澄と同じとするには無理がないか。以上、「続々菅江真澄のふるさと」著の考察から。

第三章　菅江真澄研究（出自）

～諸説の研究を通して～

はじめに

菅江真澄の出自や人物像について謎が多いことも確かであるが、長年多くの方々よって研究され徐々に明らかになってきた。この外ヶ浜の旅でも垣間窺えそうである。外ヶ浜の旅で行く先の蝦夷地は、幕府の管轄外で番街と云われた地で津軽海峡を渡るのは決死の思いであった。その蝦夷地では食するものも少なかく冬は想像を絶する厳しい土地であった。一方この時代のみちのくは、水害・火山・自然災害に見舞われて飢餓・餓死者が出る程の食料難が続いていた。それだけ真澄の旅は、身の危険を感じながらの旅であったのである。蝦夷へ行くも地獄、三厩に残るのも地獄から望郷心と葛藤に悩まされたと思われる。

そこで旅立つ心情を察し管見ながら真澄の出自と知見について研究することにした。

第一節　幼い時から何処で知識を得たか

真澄は自分に「生まれながらにして和歌の知識ある」と人に話していることから、それなりの家庭に生まれたものと推察できる。学問や知識の会得は一夜にして出来あがるものではないが、子供の頃の基礎「読み、書き、算盤など」知識を得る場所が身近になくてはならない。その環境（手習い場所、私塾、学問所など）が身近に有ったとしたならば理解が得られやすい。真澄の実家で教養がある者が居たとなれば、〝門前の小僧習わぬ経を読む〟ことにも繋がる。従って、真澄は生れながらにして知識を得る場が近くに備わっていたと解されなければならない。さすれば、真澄自身が己は「生まれながらにして和歌の知識を持っている」と話したことはあながち嘘でもなく頷《うな》づける話である。

第二節　白井家と植田家の出会い

「白井家と植田家」の出会い、「義方と真澄」の出会いである。義方は吉田宿の豪商、高洲嘉兵衛乗成の二男で延享二（一七四五）年に札木町の植田喜右衛門の養嗣子となる。[(2)]

藩主松平豊後守資訓が浜松から吉田へ転封。[(3)]藩主の転封は享保十四（一七二九）年二月のことで、藩主の転封に伴い藩の御用商人であった植田家も同じく藩主に従って吉田に移り居を札木町に構えた。このとき植田家は、吉田領渥美郡内の高洲・[(4)]土倉両新田の元締めとなり、その扱い石高は総石高一千二百石余にも及んだ。

この後、寛延二（一七四九）年、藩主・松平豊後守資訓が再び浜松に移封。このとき義方の養父もまた、藩主に従って浜松に戻り居を移した。このとき義方が吉田の植田家三代目を相続することになったのである。

義方が植田家三代目を相続したことにより、高洲・土倉両新田の方々との繋がりが深くなって行ったものと窺える。こうした出会いが、真澄にとって生涯の絆を育むことになったと推理される。

第三節　子供の足で歩ける距離

豊川の渡津橋から植田家の高洲の別邸は距離的にそう遠くない。[5] 渡津橋から国道一号線を通り新栄交差点信号へ行く道程は15分から20分内外で、この距離は幼い子供の足でも遊びながら充分に行ける距離にある。また、札木町の本宅へは豊川の渡津橋から豊川沿いに歩いておよそ30分から40分余[6]の距離である。現在の豊橋市役所へは一里以内にある。三河港の渡津橋から豊川沿いに子供が遊びながら歩いても行ける距離である。交通手段の無い時代は歩きが基本であるから、昔の人ならば特に苦になる距離ではない。環境的には、今でも豊川、高洲、馬見塚・小向・牟呂一帯は見通しが良く、風が爽やかで散歩にはもってこいの土地柄である。ここには今も昔を偲ばせる風情が残されており、歴史を感じさせる土地である。こうした研究から、先学諸氏が残した多くの資料を拝して、菅江真澄の出自は、間違いなく植田義方との深いかかわりにあると理解を深めるに至った。真澄の旅を追体験しながら高洲を歩き此の辺りと思われた。ご親戚縁者の承諾と個人情報保護法との関係もあるので詳細を綴ることは控えた。

しかし、過去には近藤恒次氏の著「賀茂真淵と菅江真澄」、横田正吾の著[7]「あが父母の国吉田」にそれらしい家が綴られている。

第四節　義方と真澄の生涯の関係

真澄は旅先から植田義方へ五点の貴重な届け物をしている。それも二十三年間の歳月を通して届けていることは、ご両人の関係がいかほどであったか語る必要がなかろう。多くの資料からもそれを知られる。また、不思議にも最後の贈り物が本居宣長の亡くなった年にあたる。それは植田義方が亡くなる五年前のことである。真澄の旅の先々で長きに渡って義方へ珍しい届け物[8]をしていることは、それなりに二人に深い人間関係と強い絆があったと理解さなければならない。また、それ以上のものが有ったと窺える。

第五節　国分家と植田家は縁戚関係

植田家の過去帳に国分家の記述があることから動かすことの出来ない事実であろう。また、真澄は幼少の頃から義方の庇護のもとで岡崎の国分家に預けられ育まれた。岡崎は中部圏の文化の中心地でもあるところから教育に適していた。それは義方の気遣いであり、自分の目が届く場所として国分家を選らんだものと推理される。さらに国分家は義方の縁戚にあたる。また岡崎きっての豪商ながら文化人であった。

第六節　真澄の人間形成

真澄は岡崎の国分家を足場に励んだ。さらに知識人との交流を深めながら成長し人間形成がなされて行ったものと受け止められる。真澄は白井家の二男と云う立場から、自身も自ら生きる道として進んで選んだのではないかとも推理している。その裏づけとなるのが岡崎市[9]にあり、中部文化圏[10]、尾張本草学[11]、尾張南画[12]にあり続々菅江真澄のふるさとと著にある。

第七節　三河の国　乙見の里（人）

岡崎市史は『男鹿の春風』の序文「三河の国乙見の里（人[9—ハ]・[13]）菅江真澄」と「三河の乙見の人菅江真澄」「三、岡崎」三州岡崎伝馬町白井幾代治知之の名で、国学者内山真竜を尋ねたことや岡崎を中心に活躍していることから真澄の「出自」を岡崎と読んでいる。一方豊橋市と横田正吾氏は豊橋市吉田と読んでいる。先学諸氏の方々の意見は第二章での研鑽し記述した通りそれぞれの意見を持っている。

第八節　真澄の旅立ち

真澄は、幼少の頃から幾つもの名を使っている。その名は英二、白超、秀雄、幾代二、秀超などである。真澄はその旅先々で使い分けをしながら旅をしているのが知られる。

真澄の旅立ちは、やはり藩主・松平信明と藩の御用商人である植田義方の関係から計画されたものと想定される。

当時の藩はそれぞれが独立した国であり、藩の集まりが幕府である。藩ごとに言葉の表現も異なっていることや藩を出入りする者は関所を設けて厳しく取り締まってことなどから、何の後ろ盾も無くして多くの藩を踏破する旅は命がけであった。そのことは真澄が三厩から渡海するときの外ヶ浜の旅にも感じとれる。さらに吉田正吾氏の著「あが父母の国吉田(14)」からも感じられる。

第九節　旅の路銀

真澄は天明の大飢饉のときに旅に出ている。この頃のみちのく全体が飢餓状態にあり、場所によっては飢餓街道と呼ばれたところもあった。このことからも旅の先々で路銀(15)を調達することは不可能であった。こんな社会状況にあって真澄は旅先で金銭を人に与えている。後ろ盾や支援が無くして出来るものではない。旅の路銀について、吉田正吾氏も著「あが父母の国吉田」で取り上げている。真澄の旅を追体験からこの説が理解される。

第十節　真澄の晩年

真澄は晩年になって真澄は金銭に苦労している様が感じ取れる。それは、義の死後にあり、名の改名にあり、松平信明の死後、明徳館に日誌等の献納の時にあると思われるからである。秋田での地誌編纂、明徳館からの衣服費の支給など一連の行動が物語っていると思えてならない。菅江真澄の臨終の地は角館とする説もある。（異論もある）

墓は秋田市寺内町の小高い岡の上にあって、共同墓地の一画にある。秋田市教育委員会の詳しい説明板があるのですぐ解かる。秋田市には菅江真澄研究会があって真澄の業績を熱心に研鑽されている方々が多く、叉追善供養も行なわれている。筆者の真澄研究は、管見からの結論ではあるが、真澄のふるさと（出自）は現在の豊橋市高洲（吉田方）以外にはないと解している。

あとがき

真澄は、宝暦四年（一七五四）に生まれた。その真澄が言う「生まれながらにして和歌の才能を持っている」と、素朴ながら何処で知識を得られたか、基礎知識である手習い「読み・書き・算盤」が何処であったかについての説明が必要ではないかと思われる。また、旅の路銀についての説明も必要と解される。

真澄の生まれ在所は中部文化圏の中にあり、真澄の人生を育み、成長するに充分な素地で、欠かすことが出来ない文化圏とみられ重要な地であったことは間違い。

真澄が市陰亭の蔵書を読み、当時一流と云われた多くの文化人に接し、交流を深め知識を広めている。この限りにおいて岡崎は出自と特定出来ないが、出自に等しく第二の故郷と思いたい。つまり、真澄にとって岡崎は生活の場にあった。また、成長の場であった。岡崎は、真澄の人間形成と学びにあって人そのものの故郷と云えるほどである。

岡崎市史一一一七頁に「真澄が当時城下を代表する文化人国分伯機の書斎、市陰亭に出入りし、その膨大な蔵書を利用し、様々な文化人と交際し文化的見聞を広めていった」とある。さらに「同市史は一一〇九頁で国分伯次郎左衛門は伝馬町の塩問屋国分家の主人である。真澄が国分九一の養子となったことで東陽と号した」とある。また、「叔父伯機と義父九一と同様に文人たちと交流があった」と記している。また、同市史「一一一八頁で在郷時に大和の大峰山で修験者としての印可を受けるための修行を、秋の峰入りを行っている」と説明がなされている。このことから真澄は多くの知識を会得した場であったことは間違いがない。しかし、筆者はこれらの修行には、目的があって行われたと思えてならない。

真澄が多くの所で岡崎の名を用いたのは、岡崎が徳川家康の出自のであったこと、この世が徳川の時世であるならば、世に名が通る岡崎の名を使うことは、ごく自然の流れであると推理される。

それから岡崎の国分家は植田義方の姉妹（姉又は妹）の嫁ぎ先であり、国分家と植田家は縁戚関係にあって、国分家に跡継ぎがなかったことも、真澄の受け入れが自然ではなかったかと思われる。

それに伝馬町に国分家が有り、真澄が伝馬町の住人と名乗っても間違いでもなく、何ら違和感はない。このように岡崎を振り返ってみると岡座は真澄の成長に大きな影響を与えた地であることが知られ、第二の故郷と云っても過言ではない。また、同じく中部文化圏にある尾張は、医学・本草学が盛んな地であったことから、専門的知識・自然科学の知識を会得した場と考えられる。こうして整理してみると、やはり真澄の生まれ在所は吉田方と理解される。

参考・引用文注記

(1) 教育の場としての寺子屋・私塾

豊橋市吉田方校区の歩みによれば、明治以前の教育の場として、吉田藩には武士の子が通う藩校の時習館があり、庶民の子らの手習い処として寺子屋・私塾があった。吉田方地区の寺子屋に馬見塚の専求庵（現在の専願寺）、三ツ相の栄昌寺、吉川の香福寺、野田の法香院などがあった。私塾には、高洲新田の庄屋・白井八兵衛のものがあった。真澄が白井八兵衛の子として、もの心ついた時から傍らに勉強が出来る環境にあった。つまり「門前の小僧習わぬ経を読む」である。真澄は「生まれながらに和歌の才能がある」と話したことに頷ける話であり納得出来る話である。

吉田方に隣接する牟呂（牟呂村史：江戸中期）に私塾や寺子屋の記録があって、この地域の教育熱心さが伝わってくる。寺子屋「普仙寺（中村）・宗住寺（大梅津）・薬法寺（東脇）・真福寺（外神）・牟呂八幡社（東脇）」、私塾「庄屋・芳賀清治郎（大西）と庄屋の白井惣兵衛・白井猪好（公文）、庄屋・金子新兵衛（大梅津）」、同じく私塾「農業・岡田彦治（市場）、農業・牧野伝蔵と牧野喜代造（中村）、農業・岡田権四郎（松島）、農業・岡田政吉・岡田秀吉（市場）が史料から窺える。

年　号	西　暦	牟呂村上組	牟呂村中組	牟呂村下組	所　在
元禄三年	一六九〇	小柳津孫兵衛	石黒長衛門	福田久兵衛	大西外宮神明社
以下省略	以下省略	以下省略	以下省略	以下省略	以下省略

神社棟札にみる江戸中期の牟呂村庄屋（牟呂村史）

さらに元禄三年（一六九〇）から明和一年（一七六四）にかけて庄屋の名が見える。

（2）植田義方の養子

義方は吉田宿本町、高須嘉兵衛の次男で植田喜右衛門の養子になった人物であった。〈豊橋市史〉

（3）藩主の転封

藩主の転封は国替である。兵農分離と農民と藩主・その下臣を切り離す戦国大名の領国統制である。しかし、これには限界もあった。「百科事典」

（4）高洲・上倉新田開拓

高洲・上倉新田の開拓は、寛文五（一六六五）年地元の五人衆（高須久太夫、高須（洲）嘉兵衛、真弓佐平、高須十太夫、十倉五郎兵衛）によって行なわれた。〔吉田方のあゆみ〕

（5）植田喜右衛門の札木町の本宅までの距離

豊川の渡津橋から吉田宿の札木町の本宅まで川沿いを歩いて3．8キロ余りの距離にある。

（6）田喜右衛門の高洲の別宅までの距離

植田喜右衛門の高洲別宅へ豊川の渡津橋から（国道一号線を通り新栄交差点）まで歩いて1．5キロ余りの距離にある。

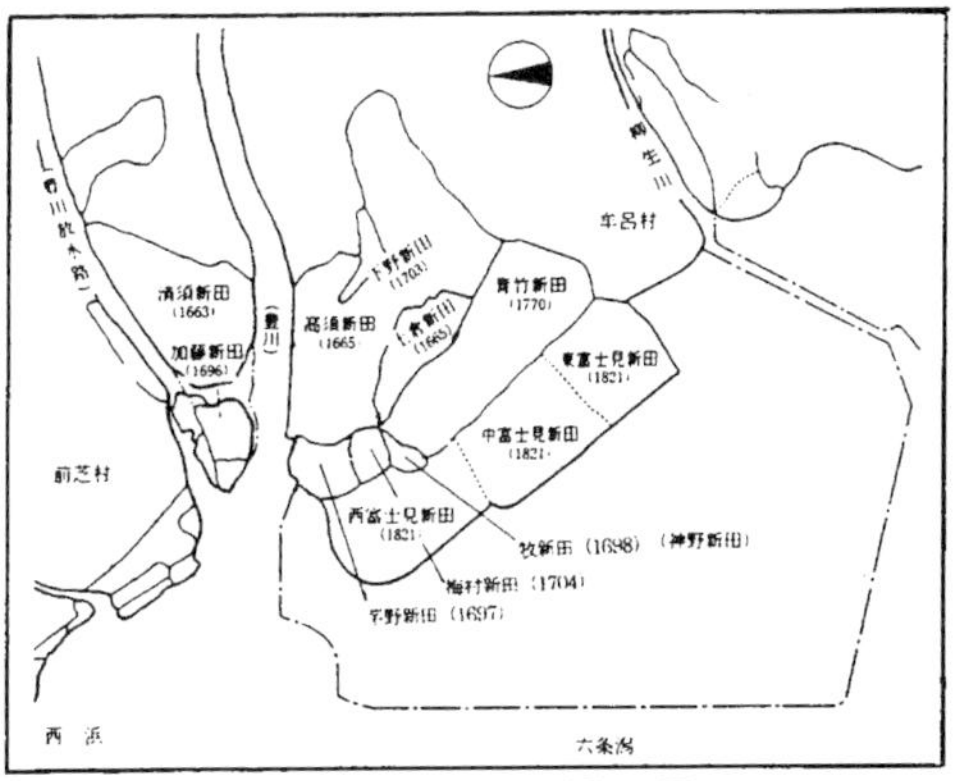

2-4　吉田方新田開発の図

(7) 横田正吾

横田正吾は、会社を経営する傍ら郷土研究に携わり、埋もれた郷土出身者の顕彰やハンセン病対策研究のほか、わが国の民俗学の祖といわれる三河出身(一七五四~一八二九)に関心を持ち、その研究に心血をそそいだ。その著は「あが父母の国吉田・菅江真澄」がある。「横田文庫」

(8) 岡崎市史

イ) 岡崎市史が記す真澄墓碑

岡崎市による真澄墓碑の説明は、「三河ノ渥美小国ゆ・・・」について、渥美郡の出身のようにも考えられたが判然としない。この詩は鳥屋長秋が墓碑建立に際し詠んだ詩であるとしている。しかし、岡崎市は、「三河ノ渥美小国ゆ・・・」を確認している。

ロ) 岡崎市史が菅江真澄を岡崎市出身とした理由

岡崎市史は、真澄が残した史料から岡崎出身としている。真澄は岡崎にいたことは確かである。しかし、岡崎での幼少の頃の記述が乏しい。『かたい袋』にアイヌが和人に交じって伊勢の詣でのおりに、岡崎の甲山寺の六供坊に泊まるのを真澄は見たと記し、真澄は十六歳位であったと記している。しかし、【この時代アイヌと松前藩は険悪の状態にあり、アイヌが勝手に出掛ける状況にはない。この人物はシャモ帰りではないかと思われる】。

また、岡崎市史は、『男鹿の春風』の序文から「三河の国乙見なる菅江・・・」と記述、『花ノ出羽路』の序文からも「三河の国乙見の里人菅江・・・」とし、確認出来るとしている。また、『筆の山口』で、おのれ、三河の国人ながら、いといとわかゝりころは「尾張の国にのみ在りて・・・」、丹羽嘉言が『岡崎の白井知之』と記したのは、この時代の常識から判断して真澄が岡崎の人であると理解して間違いがなかろうと説明している。

ハ）柳田国男の講演と著書から

柳田国男氏は、真澄の出自を確認に岡崎を訪れたことがあるが確認出来なかった。この時、大樹寺へ参詣し菅生神社で趣味の会に出席し講演したとある。この会に出席し話を聞いた岡田太郎は、後に「岡崎案内」で真澄を郷土の人物と紹介した。柳田国男氏は著『定本柳田国男集二』で「・・・知っている者さへもいない・・・実に恐ろしいのは百年の力・・・」と述べている。

ニ）真澄、岡崎での活動

安永九年五月、真澄は丹羽嘉言らと伊吹山へ採薬旅行をしている。また、安永九年伝馬町の市陰亭の「観月の宴」に出席して和歌を謡っている。その市陰亭にある膨大な蔵書を真澄は読み、文化人と交流し文化的見聞を広めた。安永十年大林寺の兵藤弄花軒の七回忌に和歌を献じた。同年伝馬町の旅籠屋柏屋の金沢藤左衛門の婚姻に寿歌を贈った。同年成就院の『浄瑠璃姫六百回追善詩歌誹序』なる引札を記すなどがあるとし、さらに真澄の本来の姿は修験であったと思われるとし、真澄は在郷時に大和の大峰山で修験者についての印可を受ける為の修行である秋の峰入りを行っている。岡崎の伝馬町には「白井つた」「白井喜八」なる者が居たが江戸時代の伝馬町の子孫である確証は無いとしながらも、年齢からこの辺りに住んでいたことを匂わしている。そして、真澄を岡崎の人する理由に三点を挙げている。

① 安永三年、岡崎材木町の三浦某の初老を祝う。このとき知之と名乗っている。真澄二十一歳の

頃『同知之』の『三州岡崎』の肩書は前者に続くので、明らかに『三州岡崎の知之』である。

② 内山真竜日記に「三州岡崎伝馬町白井幾代治知之と云う者が来て歌を乞うた」とある。これは三州岡崎伝馬町の住人であることが判明しているとある。しかし、筆者は、ここに問題があると指摘したい。【真竜日記に三州の文字は無い。三川で三河とも読める。この時、真澄の所在は岡崎であるので、岡崎の住み人《すびと》と読める】

③ 名古屋八事山般若台に隠棲する南画家の丹羽嘉言は、漢文を学びたいと乞うた白井知之を三河岡崎と書いているとあげている。筆者は【三河の出身で岡崎の住み人《すびと》】と解している。

ホ）岡崎市「乙見の里人」

岡崎市史に乙見の里は岡崎にもあって、これで真澄が岡崎の出身の一つに挙げられている。そこで歴史を遡ってみると【岡崎市に乙見村の名が出てくるのが、明治二十二年（一八八九）の市町村制である。その後、明治二十九年（一九〇六）に町村合併促進法で岡崎と常盤村にそれぞれ分散合併（注13で再掲）し乙見村の名が消える。その後、真澄が生きた時代（一七五四～一八二九）の岡崎に乙見の名が見えない。しかし、一般的に乙川周辺を昔から通称総称として乙見と呼ぶとの話あり。そこでさらに歴史を遡り調べると、平安時代の九〇一年延喜式に街道が整備されたとき、三河の駅として鳥網・山網・渡津（現在豊橋市渡津橋近く）に置くと有る。さらに場所は確認出来ないが、志貴荘・乙見荘の文字が窺える。乙見荘を藤原李兼が領す】とある。これが古称となって岡崎城下川沿い一帯を乙見と称したのではないか。河川は岡崎市内の中央を流れる川が乙川である。しかし、ここを乙見の里と呼んだかどうか歴史的な記録の確認はなく定かではない。また【一一八五年に鎌倉海道が整備されたとき宿が、矢作川《やはぎ》の東と西に設けられている。その矢作川《やはぎ》は豊田市と安城市の境を流れる川】である。

（9）岡崎市の菅江真澄顕彰記念誌

岡崎市、市立図書館発行の菅江真澄顕彰記念誌がある。その記念誌に新行和子氏が「岡崎における菅江真澄とその出自についてと題する記述がある。「真澄の研究の第一人者である内田武志は、真澄の故郷である岡崎に研究資料の全てを寄贈された、また、謎めいていた人物としてのみ、みとられてきた菅江真澄は、もはやその色眼鏡をとりはらって、研究すべき時点にきている。その理由として、三点をあげている。

イ）真澄の学問・見識基礎を築いた修学時代と郷土三河や尾張の文化状況を関連させてとらえる。

ロ）郷国で何を学び出郷後の各地で何を見て何を学び歴訪した地域の文化状況と関連して考える。

ハ）真澄の生涯と著作を当時の知識人の全般的状況と対比させて明らかにする。

などを挙げている。また、乙見については、『花の出羽路』の序文の「三河の国の乙見の里人菅江真澄なり」を挙げ乙見は「乙見庄」ともいい岡崎城下町とその近辺の古称であると説明している。〈同誌以後の文は菅江真澄全集からの引用の為省略〉

市陰亭・国分家と植田義方との関係においては「国分九一の妻は義方の妹であり、九一と義方は義兄弟であった」と説明されている。このことは「国分家に残された書簡から知ることが出来る」と。

真澄は若いころ、修験者の霊場である大和吉野の大峰山に登排している。晩年、著書『雪の出羽路平鹿郡』七巻に「おのれ、いとわかかりしころ、大和ノ国七日の市といふ里に七月六日の夜泊まりて、七日のあした、その宿を出、たつとき主の妻、此女童に、歌たのまれ、発句にまれ、せめて一筆ものが、きてたうびて、よとしけりにいへれば、ふみ月のけふは七日の市女笠暮なばぬぎて星にかさまし、とたたむ紙に書いてとらせし事あり・・・」・から真澄は修験としての影が見え隠れする。

と説明されている。

（10）中部文化圏

江戸の文化圏と京都・大阪文化圏に対し中部文化圏（名古屋・岡崎・吉田）がある。岡崎は徳川家康の出自にあたり、吉田藩は松平家で徳川の縁戚にあって幕府へ老中や要人を多数輩してきた。

この文化圏で真澄は少年期から青年期を過ごし学問の基礎を身につけて成長して行ったと思われる。その意味では真澄も幕臣の志士であったのであろう。

岡崎市史一一三九頁から一一四〇頁、国学・和歌についての記述で「江戸における日本の古典、元禄のころに契沖の『万葉代匠記』の成立に見られるような文献的研究法が形成されたとある。後に荷田春満・賀茂真淵・本居宣長・平田篤胤ら研究者は、きわめて宗教的性格の強い国粋思想を生み出し、ついに神道として体系化が図られ尊王攘夷運動の精神的支えをなすに至った」とある。

岡崎における国学研究は「幕末期の竹田正胤らの活躍は著名であるが、著書などが伝わっていないので明らかではない。本居宣長の門人「田中道麿・横井千秋・植松有信・石原正明・鈴木朖らを始め尾張に多く、早くから鈴屋門の拠点であったことから、尾張の文人たちと交流が深かった岡崎の文人たちが日本の古典籍研究に全く関心がなかったわけではない」と解されている。

遠江、二股の国学者・内山真竜《またつ》は「天明元年（一七八一）十一月尾張の田中道麿の家で開かれた『出雲風土記』の研究会に出席しての帰り、田中道麿から岡崎の人に贈った和歌を託されたが、真竜《またつ》の日記に十一月七日、尾張出立此歌を「岡崎の人へ」とある。そこで岡崎の人とは、誰か複数の人を指すか、わからないが岡崎城下に田中道麿の学統につながる人物を想像される」。

菅江真澄は「安永七年（一七七九）、田中道麿から『国風俗』を借りて写本しているが和歌・物語だけでなく『日本書記』を始めてとする古典を在郷時代に相当学んでいたことは、その著書から知られる。しかしながら、三河における国学研究は、おもに吉田を中心とする東三河が盛んであったのに比べ岡崎における鈴屋門の人々は僅かであったとも。伝馬町の飛脚問屋・樋口与次右衛門は、寛政十一年（一七九九）に平坂村の外山善衛の紹介により本居頼長と文通しているが入門には至らなかったようである」と記述。また「東海道擬十三次の各駅とその周辺で活躍した庶民の文化人は『東海道人物誌』に岡崎地方の人物として国分次郎左衛門（号・東陽）ら十四人、これに対して吉田宿は四十人とあるから吉田の方がかなり多い数字である。数字そのものが文化度を示すものではないが、庶民の文化に対する関心を知る上で充分である」と。

内山真竜《またつ》が天明元年（一七八一）に、尾張の田中道麿の家で開かれた『出雲風土記』の研究会に出席したとすれば、菅江真澄が内山真竜を訪れたのが安永六年（一七七七）であるから、四年後のこととなる。このことから岡崎の人は、菅江真澄と思われなくもない。

菅江真澄は歌を乞うて、わざわざ天竜の太谷村へ内山真竜を訪ねていることからも窺える。従って、内山真竜は師で真澄は弟子となろう。田中道麿とも親しい間柄ならば、なおさらのことである。漠然と岡崎の人と複数の人を指しているようであるが、真澄を間接的に指しているのではないか。

（11）尾張本草学（植物学）

名古屋市史によれば江戸幕府の八代将軍・吉宗は、殖産興業政策を実施するにあたって丹羽正伯・青木昆陽・野呂元丈・田村藍水らを登用し物産の研究に当らせたとある。「本草学者で医師でもある丹羽正伯に稲生若水の著『庶物類編』の増修・編集（『庶物類編』は動物・植物・鉱物等に関する記事を中国の本から抜き出して分類・編纂したもので、稲生若水の病没により未完成のまま吉宗に献上され、幕府の文庫に納められていたもの）を命じた。享保二十年丹羽正伯は全国に呼び掛けて、集めて『物産帳』を完成させたが原本は現存していない。尾張藩に残されているものは写本ながら完全な状態で残されているとある。これらは江戸の中期で尾張藩領域の全般（尾張・美濃・信濃・三河・摂津・近江の一部）で、其の産物は穀類・菜類・木類・草類・魚類・獣類など幅広いものである。これらは、名前を書いた『木帳目録』と生態や特徴を記した注記と彩色絵図から構成されている。尾張では本格的に本草学を研究したのが松平君出であった。松平君出後に、京都から浅井図南が藩によって招かれ父の後を継いで藩医なった。浅井家は代々尾張藩医として又、多くの塾生に医学を教えていた家柄でもあった。この本草学は医学に欠かすことが出来ない薬品についての学問で、中国・明の人李時珍が集大成させた『奔走網目』で漢方医学の宝典であった」。

草の展示（物産）は「宝暦七年（一五七七）、平賀源内の進言によって、田村藍水が江戸湯島で開いた。江戸医学館は、寛政四年（一七九二）、大阪は宝暦十年（一七六〇）、京都は宝暦十一年（一七六一）、尾張は天保三年（一八三二）に開かれた。「尾張医学館医薬物品目録（岩波文庫）」

さらに名古屋市史は本草学の同好会（一八〇四〜一七）があったとし「個人所有のもが多かったと

記述。なかでも尾張本草学の水谷豊文は本草学を植物学の領域へと発展させた。出品者は水谷豊文の養子で義三郎・浅井紫山・大河内存真・伊藤圭介ら二十七人に及んだ。水谷豊文亡き後、伊藤圭介は京都の藤林泰助に蘭学を学び、シーボルトにも教えを受け『日本植物誌』を贈られている。

これを翻訳、文政十二年『泰西本草学』として刊行、尾張の本草学を近代的博物学へと発展させた」とある。このように尾張の本草学は、尾張の医学者浅井家と水谷豊文を中心とする西洋医学と近代植物学に代表される。

（12）尾張の南画

名古屋市史に「名古屋には、狩野派や土佐派につらなる伝統画派に対して、新興の画派が多く、最も尾張地方で隆盛をみたのが浮世絵派と南（文人画）であると。「浮世絵は庶民に親しまれた絵画で江戸・大阪・京都で盛んであったが、尾張では挿絵入りの小説版本・絵本類が多く出されたが、浮世絵は一枚も出されていない。喜多川歌麿・葛飾北斎の二人に師事した牧墨僊（第一期）を中心とした流れが主流となっていた。牧墨僊は前衛的な作家として知られていたが、尾張には多彩な作家が多くお互いに影響しあい反発しながら他派の絵や本草学などの分野の人々を巻き込み大きなうねりとなっていた。その期は次の通りである。第一期は宝暦ごろから寛政中期で、風俗記録作家の高力猿庵ら役者絵師と駒新が活躍し、洒落な人物を描いた西村清狂もいたが次の絵師が誕生しつつあった。第二期は変質期で寛政の末から天保初期、尾張の浮世絵・風俗画全盛期、この地方から様々な作品や絵画が送り出された時期である。第三期は全盛期、天保五年ごろから明治にかけて全盛期の絵師は世を去り、残された森王僊が一問を引き連れて土佐派へ転向した模様。

この後、森王僊・田沼月斎も世を去り、尾張の浮世絵は幕を閉じた。新修名古屋市第四巻では、尾張藩の南画を師質的に確立したのが丹羽嘉言であると。その彼は四十五歳で世を去った。「丹羽嘉言は後継者を持たなく流派も形成しなかった。しかし、彼の死は南画ばかりでなく学問や文学にまで大きな影響を与えたとされる。尾張の南画は「万延から中林竹洞・山本梅逸・伊豆原麻谷の三人が中心となって尾張の南画を全国的規模に広げた。中林竹洞は尾張の医家に生まれたが、寛政元年に画科・山田宮常に師事し、翌年神谷天遊の家へ奇宿しながら学んだ。やがて、江戸後期の学芸界に君臨した頼山陽グループの一員となり南画檀の中心となって、天保元年には『天安人物誌』文人画の筆頭を占める。竹洞の絵は中国の幅広い知識と自らの個性を発揮した手法であった。京では「京の画、円翁（丸山応挙）に一変して呉春に再変す。（頼山陽『運期略伝』）とある。丸山応挙の門下生であった呉春（松村月渓）は、若いころ与謝蕪村のもとで俳諧と絵画を学び丸山応挙の理性的で冷やかな写実画風に人間的な暖かさを加味した新しい流れを作り出した人物である。それが十八世紀の丸山派の客観的写実から十九世紀の四条派の抒情性へと変わり近代的日本がに至った」とある。

（13）乙見《おとみ》の里（人）

岡崎市の著「岡崎史跡と文化財めぐり」第二五八頁岡崎歴史年表に次の記述がある。七一六年、三河八郡・額田八郷が出来る。九〇一年、延喜式に三河の駅として島捕・山網・渡津を置くとある。志賀荘・乙見荘などが出来る。乙見荘を藤原李兼が領す。ここで【志賀荘・乙見荘はどこか特定されていないが、駅の渡津は、現在の豊橋市の吉田方周辺にある渡津橋辺りを示唆するものと推定される】。

また、一一八五年、安達盛長が最初の三河守護となる。鎌倉街道の宿駅、矢作に東駅・西駅が出来る。
そこで岡崎市の行政区画の変遷を表に纏めた。（以下岡崎市史を参考に作成）。
この表から読めるのは、岡崎での乙見の名は明治二十二年である。真澄が旅に出た天明期には見えない。延喜式九〇一年に三河の駅、乙見荘の文字が窺える。
一方豊橋市に、かって新田開発の地であった牟呂の郷に乙見の里があったとされる。その地は「高洲の五人衆が開墾した地で、浜松藩の藩主松平が吉田藩へ転封した時の前であろう。「この新田の総元締めに地元からの懇願で植田家が地元の要請で高洲の総元締めになった「享保十四年（牟呂村史）」。
その後幕末まで植田家が所有。その地の名は渥美郡《こおり》「乙見《いみ》の里」と呼ばれ、牟呂八幡宮の辺りと説明される。「地元公民館の紹介で郷土史研究家・鈴□源□郎氏の説である」。しかし、豊橋市史や旧牟呂史並びにこの地区の研究論文「山田那明氏の『地球から歴史を見る』」を拝読しても乙見《いみ》の里なる文字を確認出来なかった。岡崎市

<table>
<tr><td>額田郡</td><td>額田郡</td><td>額田郡</td><td>額田郡</td><td>岡崎市</td><td>岡崎市</td></tr>
<tr><td>三河国村々高附、寛永元年（一六二四～四四）</td><td>天保郷帳
天保五年（一八三四）</td><td>地方行政便覧
明治十九年（一八八六）</td><td>市町村制度町村名
明治二十二年（一八八九）</td><td>町村合併促進法
昭和二十八年（一九五三）</td><td>現在
昭和五十六年（一九八一）</td></tr>
<tr><td>稲熊村</td><td>稲熊村</td><td>稲熊村</td><td rowspan="8">乙見村《おとみむら》</td><td rowspan="3">岡崎市</td><td>字・稲熊村</td></tr>
<tr><td>小呂村</td><td>小呂村</td><td>小呂村</td><td>字・小呂村</td></tr>
<tr><td>箱棚村</td><td>箱棚村</td><td>箱棚村</td><td>字・箱棚村</td></tr>
<tr><td>坂付村</td><td>坂田村</td><td>坂田村</td><td rowspan="5">常盤村</td><td>字・坂田村</td></tr>
<tr><td>大井野村</td><td>大井野村</td><td>大井野村</td><td>字・大井野村</td></tr>
<tr><td>田口村</td><td>田口村</td><td>田口村</td><td>字・田口村</td></tr>
<tr><td>岩屋村</td><td>岩谷村</td><td rowspan="2">岩中村</td><td rowspan="2">字・岩中村</td></tr>
<tr><td>中畑村</td><td>中畑村</td></tr>
</table>

のように一般的な通称名であったのではないかと推測されなくもない。

（14）豊橋市史考

イ）豊橋市史の真澄の墓碑

豊橋市史は「秋田市にある菅江真澄の墓碑に刻まれている文字「三河の渥美小国ゆ・・・」を「三河の渥美小国田・・・」と紹介しているが、これは間違いであろう。墓碑を確認すると「小国田」と読めなくもないが、「ゆ」は「由」の草体で、やはり「小国ゆ」が正しい。鳥屋長秋は真澄の生涯を偲び、生れ在所を小国ゆ、つまり小さな国から偉大な人物を輩出したと表現したかったのであろうと推理される。「あが父母の国・吉田」の著を書いた横田正吾氏もそう言いたかったのではと思われる。

ロ）過去を語らぬ真澄

菅江真澄が己の過去を多く語らないのには理由が有ったと思われるが、その為に謎ともなって、いろいろと憶測が飛んだ。そこで時代背景と真澄に関わった人々と出会いから推測する以外にないのであろう。【真澄が己の人生を多く語らないのは、何か大きな仕事を成し遂げる為に、己を捨てた決意、が伝わってくるようである。それは、生まれ在所や親戚・友人知人に迷惑がかかるのを恐れてのことであろう思われてならない。心は武士道で気持ちは幕臣或いは師弟かと思えるほど信頼関係の絆は強い。本名の他に幾つもの名を使っての旅からも察せられるし、義方亡き後、信明亡き後に選んだ「真澄」の名からも窺える。「真」は真理で偽りが無い心で、混じりがないことの意である。

「澄」は澄んで洗い清められた意がある。この名「真澄」の使用は大きな仕事を成し遂げた思いといろいろな人への感謝と、この世への感謝と、己の人生を出直す為の名であると筆者は理解した。松前藩が福島県の梁川へ転封されたとき、真澄は手紙「松前夷談」を書いていることや秋田の地誌編纂からも理解される】。また「続々菅江真澄のふるさと」の執筆者の一人である新行和子氏は、真澄の姓について、次のように推論している。菅生川を取り上げ、江戸時代の文人達は中国風に菅生川を〈菅生〉と〈菅川〉を呼び親しんでいた。このことから、名を晩に菅江と名乗ったのではないかと推論している。このことからも、晩年の真澄は生涯をかけた事業の達成に己を労《いたわ》り、先人達の仲間入りをして行ったのではないか。

ハ）真澄と義方との関係

真澄の人生を考えるとき、植田義方を語らずして終わることが出来ない。それだけ真澄の人生に大きな影響を与えた人物と思える。真澄は平泉の衆徒が京に上る時、父母の国吉田のうまやなる植田義方へ宛てた手紙（義方からの手紙への返書）からも窺うことが出来よう。さらに「木曽路名所図会で読み、植田義方の寝覚の床の詩」の欄と筆を走らせたのであろう。人間とはそういう生きものである。同じく義方への贈り物「国風俗、奥州真野萱原の尾は名、松前の鶴之思い羽、外浜奇勝、夷人作（マキリ）、オロシャの銀貨」なども同じ思と推理される。これら一連のことからしても二人は並々ならぬ関係にあったことが窺える。

ニ）御用商人植田家と白井家との関係

植田家は享保十四年（一七二九）に藩主・松平資訓《すけのり》が浜松から吉田へ転封〈寛延二年（一七四九）再び浜松に転封〉した時伴って吉田へ来た人物である。〈豊橋市史・里の歴史・飢餓の日本〉高洲・上田新田の広大な土地の開拓は、寛文五年（一六六五）に地元衆五人の手によって開拓されたが毎年度重なる災害で疲弊していた。そこへ藩主とともに移ってきた御用商人の植田喜右門に地元民が高洲・上倉新田の総元締めを懇願し引受けて貰った。新田一二〇四石余を二五〇両で売買された。

「牟呂史」このことから植田家と吉田方（高洲・上倉新田）の方々並びに高洲白井家は庄屋である植田家との関係が深まったであろう。やがて、白井家の次男真澄の利発ぶりを知ることになったと思われる。植田家は義方を養子に迎えていることから真澄の受け入れに、なんの抵抗はなかったと想定される。白井家も真澄が次男で将来を案ずることから又、高洲・上倉新田の総元締めを植田家にお願いしていることから異論はなかったと思われる。これらから、高洲・上倉新田の方々、植田家と白井家の関係が知られる。

ホ）吉田方という地名

吉田方と云う地名は、真澄を知る上で大切なポイントでもある。豊橋市を訪れ調べるにつれて吉田方は歴史的に古く今はこの地区の総称となっていることと、牟呂と呼ばれる地区があったことに気が付く。吉田方と云う地名が豊橋市史に出てくるのが天正七年（一五七九）酒井忠次の新田開発免状（古文書）、地区名は野田・三ツ相・馬見塚である。歴史的にかなり古い時代から、この地区開発の必要性があった。ここに堆積し肥沃に富んだ土壌があったと見られる。やがてこの地区は、明治三十九年に牟呂村となったが、昭和七年に豊橋市と合併し、吉田方の名は行政名としては消えた。

しかし、その消えた吉田方の名が総称名として生きて使用されていることは、歴史に対する地元民の強い思いがあったからであろう。

へ）「吉田方校区のあゆみ」

豊橋市吉田方校区のあゆみによれば「明治以前の教育の場として、武士の子が通う藩校の時習館があったが、一般庶民の子が通う処として寺子屋・私塾があった。吉田方地区の寺子屋には馬見塚の専求庵（現在の専願寺）、三ツ相の栄昌寺、吉川の香福寺、野田の法香院があった。私塾は、高洲新田の庄屋・白井八兵衛のものがあった。真澄が八兵衛の子ならば、もの心がついた時から、勉強が自然のうちに出来る環境にあったことになる。つまり「門前の小僧習わぬ経を読む」のごとくである。従って、真澄が「自分は生まれながらにして和歌の才能を持っている」と話したことに納得することが出来ることになる。

ト）「吉田方校区の人物誌」

「吉田方校区の人物誌」の記述によれば「真澄は宝暦四年（一七五四）に吉田領内、渥美郡高田新田（現高洲町）の庄屋の白井八兵衛の子次男として生まれたとある。彼は子供の頃に「吉田札木町の豪商で領内きっての文化人であった植田義方に学問の指導を受けていた」と思われる。植田家が吉田方（高洲・上倉新田）の総元締めを受けたことから吉田方の人々との関係が深まるとともに、高洲の白井家との関係も深まり、親密な関係が構築されていったとみる。真澄が義方に一流の学問の手ほどきを受ける機会が出来たとしても何ら不思議はない。史実によれば、当時吉田方（高洲・上倉新田）は、毎年繰り広げられる台風・洪水による被害に苦しんでいた様子が豊橋市史から窺える。そこへ、享保十四年（一七二九）、植田家が藩主の肝いりで浜松から吉田へ移ってきたのである。ここの総元締めを引き受けることが縁で吉田方の人々と植田家の親交が深まった。豊川沿いにある吉田方は毎年繰り返される台風と洪水に苦しんでいたので救いを求めたのである。庄屋・白井八兵衛の次男として生まれた真澄はこの惨状を見て育ったのである。真澄が次男として自分の生きるみちを義方に見出したとしても不思議がないと思われる。

（15）「真澄旅の路銀」

　真澄の旅の路銀は、横田正吾氏の説にある。『はしわの若葉』の文中であが父母の国吉田のうまやなる植田義方・・・と『えみしのさえき』の文中で、この頃三河国宝飾郡牛窪村のすきやう者、上の国の寺に、それがし、しるしの札のこしける喜八とかいうにてやあらむ、あかくにの名さへ聞きさへゆかしきにまいて親ますかたのちからとなりの里なるをと」書いていることから「生家も近い距離にあったと考えなければならない」と記述。また「植田家と二軒のところに高洲新田に白井姓の家が数戸ある」と記述とあるから、横田正吾は自己の調査から知っていたのではないか。問題の旅の路銀は植田義方親子が二代に渡って用意した。人の繋がりは「師弟及び主従、親戚、家臣、老中、親交の順」を挙げている。また、真澄の手習いは場所は「吉田以外にあり得ない『あが父母の吉田』の著書で吉田藩以外にない。さらに、真澄が安永六年（一七七七）に、遠江の二股大谷村（現

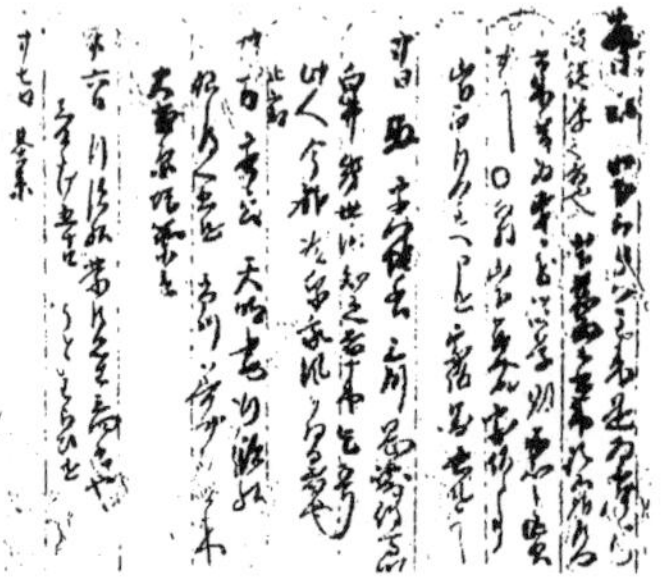

【内山真竜日記の写し】

【内山真竜資料館の玄関看板】

在は浜松市天竜区）の名主で国学者・内山真竜を訪問した記録は三州三河であると述べている。

浜松市立内山真竜資料館に内山真竜日記が保管されている。（静岡県の重要文化財）

【秋田市寺内町の共同墓地に菅江真澄翁は眠る】

おわりに

七月と云うのに梅雨が長く鬱陶しい日々が続いたが、今日は快晴で紺碧の空が遠く何処までも見渡せる。旅は大湯一〇三号線を経由して十和田湖へ向かった。急いで車を進めたが夕闇が迫りたっぷりと日が暮れて、旅の一夜を湖畔の縁《ふち》で寝ることにした。

疲れがあった為かテントに入るとすぐに寝込んでしまった。朝方早く、ひんやりと爽やかな感じで目が覚めた。テントをあけて一呼吸をすると湖面が一面雲海に覆われて何処までも靄が続き雲上人になったかのような錯覚を覚える。時計に目をやると五時半にならんとしていた。急いでテントを片づけ一路奥入瀬川の道に入ることにして、朝の一時、コーヒーを温め飲んでいると「蝱《あぶ》」がひつこく周りを飛んで離れない。良く、良く観察すると、なんと『薄緑色の（蝱《あぶ》）』ではないか、はっと驚き何度も見直した。見たことも無い色の蝱《あぶ》である。普通あぶの色は黄色と黄黒灰色が混ざった色なので見分けが付くのである。この変わった『薄緑色の（蝱《あぶ》）』を捕まえようとするが逃げられてしまった。突然変異か或いは新種の発見かと思われた。

湖畔の朝靄のなか車を走らせると今度は、ピー、ピーという小鳥の声が聞こえてきた。そこはもう奥入瀬の入り口であった。川面は薄っすらと靄に覆われ小川はチョロ・チョロ、ピシャ・ピシャと音をたてて流れている。進むと、小川はあちこちの沢水と合流してだんだんと大きな流れになって音も大きくなってきた。どこか懐かしい田舎の音である。さらに進むと、かぼそい流れの音がしてきた。自然の営みの深さを感じさせる流れである。また、車を進めると今度は、小川は大きな流れとなってゴウ・ゴウとう音に変わって流れていた。川の一面がまだ朝靄に覆われていて、まさしく雲海を彷徨《さまよ》う旅人のような不思議な体験である。まるで、幻想的な世界を彷徨歩いているかのような錯覚を覚える。その川沿いの道を流れに沿ってさらに車を進めた。かれこれ一時間余りも過ぎたであろうか、すると目の前がパット開け明るくなり一面ジュウタンを敷きしめたように青黄した田や畑が眼に入りってきた。そこは東北の穀倉地帯、豊穣の地であった。その田畑を通り抜け七戸から野辺地に足を進める。真澄が旅したであろう自然の息吹きを感じながら、更に北へ北へと車を進めると海辺へ出た。ここは藩境の地「四つ森」である。かって宿場で賑わったであろうが、今は何もなく駅名「狩場駅」だけひっそりと東北本線に残されて居た。ここから間もなく「ひらない」である。平内の小湊は白鳥の飛来地で知られる。川沿いの道には、雷電宮と云う社《やしろ》があって、その境内に菅江真澄の歌が一句あった。

「みつしほの浪の　しらめふ　あさな夕　かけていく　世になり神の宮」。

平内の小湊から海沿いを夏泊半島に向けて足を進めると椿北限自然自生地「国の天然記念物に指定」の里がある。そこは「ほたて」発祥の地である。ここから浅虫に向けて海沿いを歩むと途中で海岸沿いの道が途絶え山道へと変わる。この山道を急いで抜けると浅虫である。ここから古戦場跡と善知鳥海岸沿いを進み青森市内に入り一泊した。翌朝速くホテルを出て外ヶ浜海岸から松島街道を三厩・竜飛へと向った。途中から雨音が強くなり休憩しながらの旅となった。この旅は平成二十三年の旅である。

参考文献一覧表

「菅江真澄全集：一～十二巻・別巻一」　内田武志・宮本常一編者　未来社　一九五〇年
「大日本地名辞書」　吉田東伍著　冨山房　明治一二年
「校訂　蝦夷日誌　全」一編・二編・三編（北海道出版企画センター）　一九九九年
「三航蝦夷日誌」「上巻」　吉田武三著　吉川弘文館　二〇〇七年
「三航蝦夷日誌」「下巻」　吉田武三著　吉川弘文館　二〇〇七年
「北海道蝦夷語地名解」　永田方正著　草風館　昭和五九年
「近世藩制・藩校大事典」　竹内誠・深井雅海編　吉川弘文館　二〇〇六年
「日本近世人名辞典」　大石学編　吉川弘文館　二〇〇五年
「日本地名辞典」「北海道編上巻」　竹内理三編　角川書店　平成五年
「日本地名辞典」「北海道編下巻」　竹内理三編　角川書店　平成五年
「萱野茂るアイヌ語辞典」「増補版」　萱野　茂著　三省堂　二〇〇七年
「日本書記一」　川副武胤・佐伯良清訳　中法公論社　二〇〇三年
「日本書記二」　川副武胤・佐伯良清訳　中法公論社　二〇〇三年
「日本書記三」　川副武胤・佐伯良清訳　中法公論社　二〇〇三年
「延喜式」　虎尾俊哉著　吉川弘文館　二〇〇八年

「古事記」　坂田安弘著　産経新聞　二〇〇九年
「日本の歴史年表」机上版・第四版　大塚信一著　岩波書店　二〇〇一年
「近代日本総合年表」第四版　大塚信一著　岩波書店　二〇〇一年
「松前の歴史」　松前町史編集室　松前町　平成十八年
「蝦夷（えみし）と古代史」　工藤雅樹著　平凡社　二〇〇九年
「蝦夷」　高橋崇著　中法公論社　二〇〇二年
「日本史年表」　机上版・第四版　歴史学研究会編　岩波書店　二〇〇七年
「萱野茂アイヌ語辞典「増捕板」」　萱野茂著　三省堂　二〇〇七年
「古語辞典」　松村明・山口明穂・和田利政編　旺文社　二〇〇八年
「北海道海の人国記」　伊藤孝博著　無明舎　二〇〇八年
「北海道と少数民族」　札幌学院大学人文学部学会　須田照生　二〇〇一年
「蝦夷と古代国家」　関口明著　吉川弘文館　平成四年
「北のことば」フィルドノート　津曲敏郎著　北海道大学図書刊行会　二〇〇三年
「新北海道史年表」　総編集長　高倉新一郎　北海道出版企画センター　一九九二年
「北海道の歴史」　榎本守恵著　北海道新聞社　二〇〇二年
「北の薬用植物」　本間尚治郎・畠山好雄共著　市立名寄図書館　昭和六三年
「佐竹氏物語」　渡部景一著　無明舎　一九九九年
「角川日本地名語事典」（上巻・下巻）　角川書店　平成五年

「嘉永五年東北」　織田久著　無明舎　二〇〇一年
「奥民図彙」　比良野貞彦著復刻　青森県立図書館　昭和四八年
「岡崎市史」総集編　新編岡崎市史編纂委員会　岡崎市　平成五年
「豊橋百科事典」　豊橋市豊橋百科事典編集委員会　豊橋市　平成一八年
「新編名古屋市史」第四巻　名古屋市　平成一一年
「新編豊川市史」通史編　第一巻　豊川市　平成二三年
「新編豊川市史」近世　第二巻　豊川市　平成二三年
「あが父母の国吉田菅江真澄」横田正吾著（豊橋市立図書館所蔵）第〇一四五号　平成一一年
「東日流六郡大要」　東日流中山史跡保存会　八幡書店　一九九〇年
「東日流外三郡誌」古代篇（上）　八幡書店　二〇〇三年
「東日流外三郡誌」古代篇（下）　八幡書店　二〇〇三年
「東日流外三郡誌」2　中世篇　八幡書店　一九八九年
「東日流外三郡誌」3　中世篇　東日流中山史跡保存会　八幡書店　一九八九年
「東日流外三郡誌」4　文化・地誌篇　八幡書店　一九九〇年
「東日流外三郡誌」5　信仰篇　八幡書店　一九九〇年
「東日流外三郡誌」6　諸項篇　八幡書店　一九九〇年
「豊橋市百年史」　豊橋市百年史編纂委員会　豊橋市　平成二十年

筆者プロフィール

石黒　克彦（いしぐろ　かつひこ）

北海道今金町字花石生まれ
北海道立今金高等学校卒
日本福祉大学福祉経営学部（医療福祉マネジメント学科）卒
放送大学大学院「文化科学研究科」、放送大学大学院「人文学プログラム専攻課程」修了
真澄研究：郷家を出立した真澄「信濃・北陸・越後・出羽・みちのく・蝦夷・下北」の旅研究
「菅江真澄を歩く」「菅江真澄と太田権現」「菅江真澄と近蝦夷」「菅江真澄と噴火湾」「菅江真澄と下北半島」「菅江真澄と外ヶ浜」「菅江真澄とみちのく（執筆中)」。

菅江真澄と外ヶ浜

2016年1月10日　初版第1刷発行

著者　石黒　克彦

発行所　ブイツーソリューション
〒466-0848 名古屋市昭和区長戸町 4-40
電話 052-799-7391　Fax 052-799-7984

発売元　星雲社
〒112-0012 東京都文京区大塚 3-21-10
電話 03-3947-1021　Fax 03-3947-1617

印刷所　藤原印刷

ISBN 978-4-434-21271-0